それでも環境税を払いたくなる本

兼平裕子 著

目次

はじめに
「京都議定書」目標達成不可能という現実

国内の温暖化対策

1997年に成立した「京都議定書」の示すメッセージは、これまでのGDP（国内総生産）の増加を第一目標としてきた経済には限界があるということです。経済成長は常にプラスであり、エネルギーをたくさん使って、いろいろなものを作り、経済成長を促進するのがよいことであり、そのためにはCO_2の大量排出も仕方ないと考えられていました。温暖化問題は、このような消費型経済システムへの警鐘だといえます。

2008年、その京都議定書の第一約束期間（2008～2012年）がいよいよ始まりました。日本は、温室効果ガスを1990年総排出量12億3,300万トン（t）から6%削減するという国際公約を順守しなければなりません。この国際公約を守るために作られた国内法が、「地球温暖化対策推進法」(1998年公布)です。

地球温暖化対策推進法では、京都議定書発効の際に、「京都議定書目標達成計画」を決めることになっていました。議定書は2005年2月16日に発効し、目標達成計画は同年4月28日に閣議決定されました。最新の改定計画は、2008年3月28日に決定されたものです。

ここに掲げられる施策が、6%削減を達成できる内容であれば、粛々と削減努力を続ければいいわけですが、残念なことに、これらの施策だけでは目標を達成できないことは、ほぼ間違いない状況にあります。というのは、実際の排出量は、2007年度で13億7,100万トンと過去最高を記録しています。90年度より8.7%増加しているので、13.5%程度の削減が必要な状況にあるからです。

京都議定書目標達成計画の評価・見直しに関する最終報告案（2007年12月19日）では、「既存の対策のみで削減するには、2,200万〜3,600万tのCO_2が不足する」と推計されています。そして、その最終報告（2008年2月8日）では、不足分を解消するための追加対策を列記しています。その結果、「既存対策を補強する諸施策の削減効果も合わせて約3,700万t−CO_2以上の排出削減効果が見込まれ、6%削減は達成しうるものと考えられる」と強気の数字合わせがされています。

しかし、政府の作成する目標達成計画は、どうしても個別の数字の積み上げによるボトムアップ方式になってしまいます。日本の政策決定は、縦割りになっていますので、総合的な温暖化対策は策定しにくいシステムになっています。不足削減量を解消するための合計「3,700万t−CO_2」の追加対策として、自動車の燃費改善、家庭やオフィスの省エネ対策の徹底、新エネ対策の推進があげられていますが、その中心は産業界の「環境自主行動計画」（1997年策定）です。これだけで、不足分の半分に当たる1,900万 t −CO_2もの削減効果をねらっています。

この環境自主行動計画は、目標達成計画に明確に位置付けられ、毎年、フォローアップされています。そして、その環境自主行動計画未達部分の9割を電力（78%）と鉄鋼（11%）が占めています。中でも、90年度に比べて51.6%増加（2007年度）と、大幅にCO_2排出が増えているのが電力分野です。

電気事業では、CO_2を出さない電力源として原子力発電が推進されています。ところが、その頼みの綱の原発は、地震の影響による長期停止や定期検査の延長のために発電量が減少しています。そこで、その不足分は、火力発電所の稼働を増やして補っています。その結果、CO_2排出原単位20%削減を目標としながら、現実は10.5%増加となり、2007年度のCO_2排出量は前年比14.3%増えてしまいました。結局、足りない分は海外からのクレジット（排出枠）の購入で穴埋めすることになります。電力業界は、第一約束期間（2008〜2012年）の5年間で、1億9,000万トン規模の排出枠を購入する契約を済ませています（2008年9月時点）。かなりの金額になりそうです。さらには、原発の耐震補強のための補修費用も必要になります。結局、これらの費用は電気代の値上げという形で、私たちの負担へと転嫁されます。

環境自主行動計画だけで「削減義務」が実施できない場合には、即、政府の目標達成計画が破綻してしまうことになります。そのうえ、環境自主行動計画は産業部門だけなので、家庭やオフィス、運輸部門に対しては効果的とはいえません。

にもかかわらず、もっと強力な施策である国内排出量取引や炭素税のような経済的な手法は導入されないままです。さすがに前ブッシュ政権のアメリカのように京都議定書を離脱するとか、カナダのように京都議定書を守ることをギブアップしてしまうという選択肢はとらないでしょうから、日本は海外からクレジットという名前の紙切れを購入せざるをえないことになるでしょう。

海外に頼る温暖化対策

国内対策とは別に、もともと政府の政策では、後述の「京都メカニズム」を使って、毎年2,000万トンの排出削減（6%の削減義務のうち1.6%分、NEDO〔ネド；新エネルギー・産業技術総合開発機構〕が税金を使ってクレジットを購入予定）を行うことになっていました。

京都メカニズムというのは、①先進国間で排出枠を移転する排出量取引、②先進国で削減事業を行う共同実施（JI）、③途上国で削減事業を行うクリーン開発メカニズム（CDM）の三つをいいます。炭素換算1億トンの排出枠（2,000万トン×5年分）を買ってくるには、現在の価格（EU排出取引市場では、1トン当たり2008年後半で20ユーロ、2009年前半は11～13ユーロ、約1,500円～3,000円）で、最低でも1,500億円以上の税金が必要になります。

排出枠（排出量）というのは、人為的に創り出されたものであり、京都議定書のもとで、先進国の削減義務といった社会的なルールの上に初めて成り立つものです。それ自体では価値を持ちえません。その価値は、制度内容や規制レベル（削減目標の設定や排出枠の上限）によって決まります。この排出枠のうち国際的な取引は、京都メカニズムのルールの下で、CDMプロジェクト等によって得られる排出枠で、国連によって正式に承認されています。CDMは、途上国が自ら削減義務を負わずに、先進国や先進国企業の資金と技術によって削減するという仕組みです。2008年4月時点で、国連が認定した登録事業は3,188件、これらの事業によって2012年末までに削減される量は25.27億t－CO_2となる予定です。

地球の大気圏はつながっています。CO_2の排出削減がどこで行われても、地球全体として削減されればよいわけで、まず国内対策を行って、それでも足りない分は海外からクレジット（排出枠）を買ってくるという仕組みになっています。

しかし日本では、肝心の国内のエネルギー起源のCO_2削減対策は、数字合わせのための施策を次々と改訂している状態です。これらの国内対策だけでは、目標達成は困難です。その結果、電力会社などの企業レベルでも、海外からCDMクレジットを購入せざるをえない状況になるでしょう。つまり、NEDOが購入予定の1.6％削減分は税金を使って、環境自主行動計画の国内対策分は企業の負担で、海外からCDMクレジットを買ってくることになります。

また、予定の排出枠を購入しても、なお自主的な削減目標は達成できそうもないということになったり、あるいは家庭やオフィスでの削減が目論見通りに行かないということになれば、国がこれらの不足分の購入を余儀なくされる可能性もあります。これらは、税金を使って買ってくることになります。

結局、私たち国民の負担になるなら、海外からクレジットという名前の紙切れを買ってくるために税金を使うより、もっと実効性のある国内対策を導入することによってCO_2を削減させるべきでしょう。京都議定書17条にも、京都メカニズムの利用は補完的なものでなければならないとされています。

日本経団連は、国内排出量取引に関しても、環境税に関しても反対していました。しかし、環境自主行動計画の達成が厳しいという現状は百も承知しているはずです。環境自主行動計画頼みでは、結局、自分たちの首を絞めてしまうことになります。産業界も、やっとこの矛盾を認めたのか、環境税の導入を受け入れる方針に転換しました（2008年9月）。ようやく環境税の導入をめぐる議論が、理論問題ではなく、政治問題になってきました。

いつになったら「環境税」が税制改正大綱の改正項目になるか

「環境税」は税制の本流ではない

環境税も税金ですから、導入するとしたら、法律案を作って、国会で審議する必要があります。「税法」は、毎年改正されます。税制改正のための議論は、まず、「政府税制調査会」（以下「政府税調」）で開始されます。政府税調は、税制の基本方針について調査・審議する内閣総理大臣の諮問機関として、学識経験者らで構成されます。税制改革に必要な基本方針を、答申として首相に提出します。

大幅な税制改正に関する議題は、すべて政府税調で取り扱われ、議論の様子は報道され、内閣府のホームページで公開され、そしてその答申が12月初旬に出されます。

その後11月頃から、「自民党（与党）税制調査会」（以下「自民党税調」）の議論がスタートし、12月中旬に「税制改正大綱」が発表されます。自民党税調は、党の政務調査会の一つですが、具体的な税制改正の決定権を握っています。そして、この「自民党税制改正大綱」の「重要な改正項目」を踏まえて、政府は翌年の通常国会に「税制改革関連法案」を提出します。

ですから、環境税が導入されるためには、自民党税制改正大綱に重要な改正項目として挙げられることが必須です。と

表1　自民党税制改正大綱「検討項目」の三期比較

●2008（平成20）年12月12日（平成21年度税制改正大綱）

経済危機に対応する景気対策の目玉として、グリーン環境投資の拡大を通じて内需拡大に貢献し、経済社会、国民の生活行動の変化を招来するよう、環境先進国として、未来に向けて低炭素化を思い切って促進する観点から、税制のグリーン化を推し進める。

なお、環境税については、税制抜本改革に関する議論の中で、税制全体のグリーン化を図る観点から、様々な政策的手法全体の中での位置づけ、課税の効果、国民経済や産業の国際競争力に与える影響、既存の税制との関係等に考慮を払いながら、納税者の理解と協力を得つつ、総合的に検討する。

●2007（平成19）年12月13日（平成20年度税制改正大綱）

わが国は、来年のG8北海道洞爺湖サミットを控え、環境先進国として世界をリードする役割を果たすため、京都議定書目標達成計画に沿って、国、地方をあげて多様な政策への取り組みを実施し、6%削減約束を確実に達成することとしている。環境税については、来年から京都議定書の第一約束期間が始まることを踏まえ、さまざまな政策的手法全体の中での位置付け、課税の効果、国民経済や産業の国際競争力に与える影響、既存の税制との関係等に考慮を払いながら納税者の理解と協力を得つつ、総合的に検討する。

●2006（平成18）年12月14日（平成19年度税制改正大綱）

わが国は環境先進国として、地球温暖化問題において世界をリードする役割を果たすため、京都議定書目標達成計画に沿って、国、地方をあげて多様な政策への取組みを実施し、6%削減を確実に達成することとしている。環境税については、平成20年から京都議定書の第一約束期間が始まることを踏まえ、さまざまな政策的手法全体の中での位置付け、課税の効果、国民経済や産業の国際競争力に与える影響、既存の税制との関係等に考慮を払いながら納税者の理解と協力を得つつ、総合的に検討する。

ころが、ここ3年間、実際の取扱いは、**表1**で示すように、「検討項目」の第一番目に記載されているだけです。

自民党税制改正大綱の「検討項目」というのは、じつは隠れた重要項目です。ここに書かれている項目を毎年比較すると、翌年にどのような改正を目論んでいるのかが如実に表われます。ところが環境税については、「環境先進国として……総合的に検討する」と後ろ向きの文言が、毎年記載されているだけの状態が続いています。

翌年度の税制改正の内容は、自民党税制改正大綱の「改正項目」に書かれている内容とほぼ同じです。なぜ同じかというと、これらの作業は、事務方である財務省や官邸の役割が大きく、自民党税制改正大綱は、官僚や政治家の望む方向で作成されているからです。

政府は、この自民党税制改正大綱を踏まえ、翌年の通常国会に税制改革関連法案を提出します。そして、税制改正は、翌年3月31日までに成立する「改正法」によって、正式に決定されます。

これまで、環境税については、環境省を中心に多くの議論が行われてきました。しかし、それ以外では、エネルギー税制との関係で経済産業省が口出しをする程度で、税制の大御所である自民党税調の議論は、"低調なまま"というのが現実でした。

環境対策を税金でできるか

このように環境税が、環境重視派の中では重宝されながら、税制改正の本流の議論の中ではおざなりにされる（「雑税」と呼ばれることもあります）のは、その税金としての異端性にあるといえます。

本来、税金の役割は、社会にとって必要な公共サービスの財源を調達することです。国は国民に対し、各種の公共サービスを提供していますが、そのためには膨大な額の資金が必要です。この資金を調達するため、強制的に私たちの手から国家の手に渡されるのが税金です。

ところが、環境税という税金は、これとは全く性質を異にします。環境税を最初に提唱したのは、ピグーというイギリスの厚生経済学者です。1920年代のことで、当然、地球温暖化問題の解決のために思いついたわけではありません。

当時、蒸気機関車のまき散らす火の粉が、沿線の森林を焼失させる事例が多発していました。しかし、鉄道企業自体のコストには、森林焼失のコストは組み込まれていません。市場の競争の中で、鉄道運賃は実際の社会全体への影響を含めて算出される額（社会的費用・外部コスト）よりも安く設定されていたのです。「このギャップを埋めるために税を課すべき」というのが、ピグーの主張でした。

要するに、自然環境のような共有の資源は自由に利用できるので、みんながどんどん利用しようとします。その結果、誰もが同じ行動をとってしまい、資源は過剰消費され、枯渇してしまいます。いわゆる、「コモンズ（共有地）の悲劇」です。その解決策として、課税という方法で、環境利用者に環境資源のコストを負担させようという試みが、「ピグー税」なのです。

ですから、もともとピグーの考えた環境税によれば、環境保護の目的が達成されるにつれて、税収は低下していくことになります。理論上、当初の課税目的が100％達成されると税収はゼロになってしまいます。そのため、環境税は、公共サービスの財源を調達・確保するという税金の本質からみると異質なものとされてしまうのです。

特定の政策目的を持つこのような種類の税金（「政策税」という）は、憲法で禁止されているわけではありません。実際、経済に対して影響を与える種々の政策税が認められています。例えば、「住宅ローン減税」や「パソコン減税」です。住宅ローン減税が大きくなると、無理をしてでもマイホームを買う人が増えるでしょう。パソコン減税が実施されると、多くの人が、これをきっかけにパソコンを買おうと考えるでしょう。

このように、税金を通じて国民経済の健全な発達を図ることは、国家の仕事の一つと考えられています。しかし環境税は、政策税の一つと認められるとしても、政策目的が達成されると税収がなくなってしまう点で、税収確保という本来の役割を果たせないため、政府にとってインセンティブ（誘因）の低い税金となっているのです。

環境税のもう一つの問題点は、ピグーの考えたような課税だけで温暖化対策をするのは不可能だということです。環境税の税率がどのくらいなら、どの程度のCO_2排出抑制効果があるのか明確には算出できません。望ましい環境税のレベルを決定するのは困難です。排出抑制効果を生むと考えられるほどの税率で課税するとなると、炭素税は10兆円規模になると試算されています。ひょっとしたら、「税率設定の試行錯誤」などという事態も考えられますが、政治的には、税率をそうころころと変えるわけにはいかないのです。

日本には、まだ「環境税」という名前の税金はありません。しかし、実際に環境税を導入しようとしても、ガソリンをはじめとする運輸燃料は、すでに税金の固まりとなっています。

そのうえ、大部分は悪名高き「道路特定財源」に組み込まれています。苦肉の策として、環境税を低率で導入したとしても、理論上考えられるような効果は期待できません。大いなるジレンマです。

環境税とガソリン代

問題なのはガソリン代と電気代

図1に示すように、日本の部門別CO_2排出量の総量（2006年）は、12億7,400万トンです。この図1は、発電所で作られた電力を全て発電所の排出としてカウントする「直接排出」方式によっています。京都議定書の国別報告、欧米の統計などはこの方式によって表わされています。直接排出方式でカウントすると、日本はエネルギー転換部門・産業部門合わせて6割を超えています。フランスを除く他の欧米諸国は5割程度ですので、日本はその割合が高いことが分かります。

2005年改正の「地球温暖化対策推進法」では、温暖化ガスを原油換算で年間1,500キロリットル以上排出する事業者は、温暖化ガスの排出量を算定して、国に報告するように義務付けられています。ところが、この場合の計算の仕方は、発電所の排出を、消費者の電力消費量に応じて配分した「間接排出」方式（**図2**参照）になっています。

間接排出方式では6.1％に過ぎないエネルギー転換部門は、直接排出方式では30.4％を占めています。エネルギー転換部門のうち、発電に伴うCO_2排出が約9割を占めます。電気事業部門の温暖化対策がいかに重要か、ということが分かります。

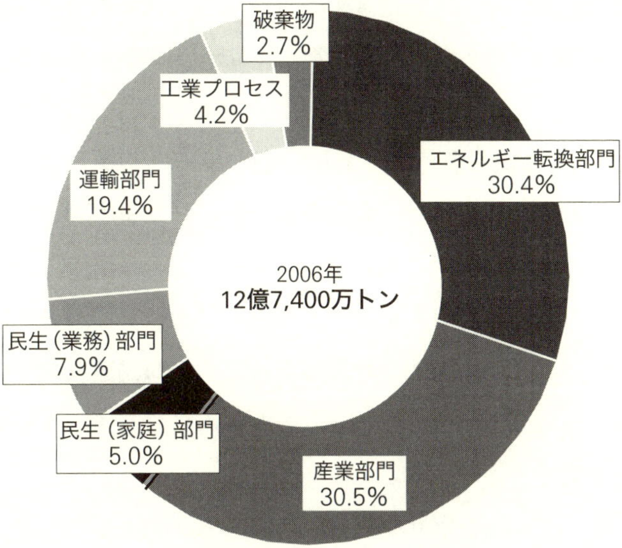

図1　日本の部門別二酸化炭素排出量―各部門の直接排出量
（出典：http://www.jccca.org/content/view/1046/786/）

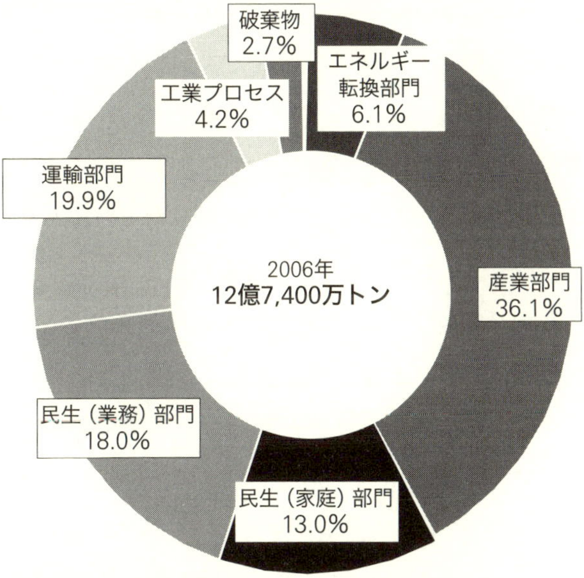

図2　日本の部門別二酸化炭素排出量 ― 各部門の間接排出量
（出典：http://www.jccca.org/content/view/1046/786/）

電気事業の電源別発電量のうち、化石燃料が占める割合はおよそ6割です(48ページ図7参照)。同じ化石燃料の中でも、石炭、石油、天然ガスの順に炭素含有量は減ります。そこで、CO_2排出量が最も多い石炭火力発電所から、CO_2排出量のより少ない天然ガス発電所への転換が重要になります。ところが一方では、電力部門の規制緩和によって電力市場の自由化も進んでいます。競争を重視すれば電気代の値下げが必要になります。そこで経済性だけを考えると、燃料調達コストの一番安い石炭火力が最も有利として、利用されやすくなってしまいます。

一方、CO_2排出量の削減どころか、今後も増加が見込まれるのが運輸部門です。1990年度から2005年度の増加量は18.1%です。2010年度の目標レベルも10.3～11.9%増という増加見込みになっているにもかかわらず、現在よりもさらに6～7%削減しなければならないという厳しい状況です。その元凶は自家用車です。図3に示すように、トラックは前年より1.4%、バスは0.3%減少していますが、普通車は0.3%増加しています。日本の自動車保有台数は7,800万台で、世界の自動車の10%を保有していることになります（2007年12月末)。

このような、便利さばかりを求めてきた社会システムは、見直さなければなりません。都市部では、維持費も燃料費も高い自家用車を持つよりも、公共交通機関を利用する方がかえって便利です。自家用車を売ってしまい、カーシェアリング（自動車の共同保有）に変更する人も出てきています。

ところが、一様に自家用車を減らすべきだと論じきれない点もあります。過疎化によって公共交通機関の便数が年々減

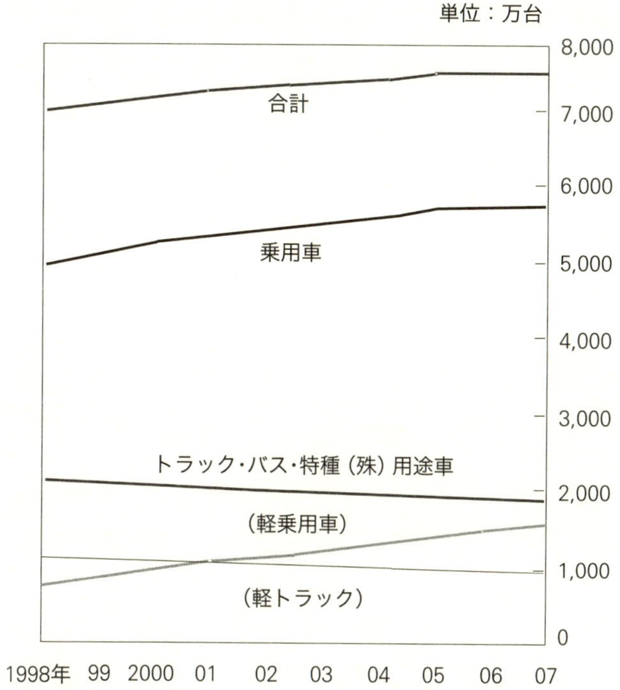

図3　四輪車保有台数の変化
（出典：http://www.jama.or.jp/industry/four_wheeled/four_wheeled_3g2.html）

ってきている地方では、そういうわけにもいきません。自家用車は足代わりとなり、「準ライフライン」といっても過言ではない状況です。

このように、自家用車に頼らざるをえない地方の実情を考えると、自動車の燃費向上が大事なポイントになります。一人（多くても数人）で乗ることが多く、また狭い田舎みちを走ることが多いので、小回りの利く小型車を選びやすくすることも効果的でしょう。

自動車が便利なツールであることは否定しようがありません。自動車に乗ってドライブするのが趣味という人もいますし、高価な車を持つことを人生のステータス・目標にしている人もいます。自動車を全否定してしまうのは、文明を否定してしまうことになってしまいます。

重要なのは、CO_2排出に対し、自動車の利用者に相応の負担をしてもらうことでしょう。自動車を使わざるをえない人たちのためには、まずガソリンやディーゼルの燃費効率向上や脱化石燃料化（バイオディーゼルやバイオエタノールの利用）が大事です。

次の段階としては、課税によって人為的に燃料費を高くしてしまうことができます。燃費は悪いけれども、ステータスである大型高級車を選択したい人には、多めに税金を負担してもらいましょう。

原油の高騰と環境税

最近の原油価格は、高騰したり、下落したり、不安定な状態が続いています。1バレル（約159リットル）当たりの価格は、80年代後半から90年代にかけ、湾岸戦争前後の一時期を除き、10ドル台で安定していました。それが、ニューヨーク商業取引所での先物価格は、2008年7月には147.27ドルまで上昇しました。さすがに投機的過ぎたのか、その後は下落に転じました。原油は、ガソリンや灯油といった燃料、さらにはプラスチック製品やビニール袋など身近な商品の原材料になっています。生活必需品に与える影響はかなり甚大です。ですから、「原油の高騰は望ましくない」というのが、大方のエコノミストの見方です。

確かに、投機マネーが動いているわけですし、OPEC（石油輸出国機構）等の産油国や石油メジャーの責任もあるでしょう。しかし原油高騰によって、「化石燃料離れ→自動車離れ」が起こっている現状は、市場が（アダム・スミスのいう「神の見えざる手」によって？）つくりだした環境税ともいえます。ガソリン代が高くなると、車を使わないで公共交通機関を利用しようとする人が増えます。発電用の重油価格がずっと高くなれば、石油火力から別の燃料源による発電に切り替えようとするはずです。もっとも現状は、それが、さらに安い化石燃料で、さらにCO_2排出量の多い石炭火力へと移ってしまっているので、一層の温暖化問題を引き起こしています。

ガソリン代に含まれる税金分を除くと、ガソリンの値段は半分程度になります。「石油石炭税」や「ガソリン税」「消費税」など「Tax on Tax」と呼ばれる、何重にも課税された税金分があるためです（図4参照）。ですから、現実的に導入可能な規模――例えば、税収1兆円規模の炭素税を導入しても、ガソリン車やディーゼル車の使用を劇的に減らす効果は期待できそうもありません。

私たちは、もはや石油製品を全く使わないで、生活をすることはできません。生活必需品は、安いに越したことはありません。それを、あえて高くしようというのが環境税（炭素税）です。生活必需品に対しては、生活者の負担にならないように、それなりの工夫が必要です。

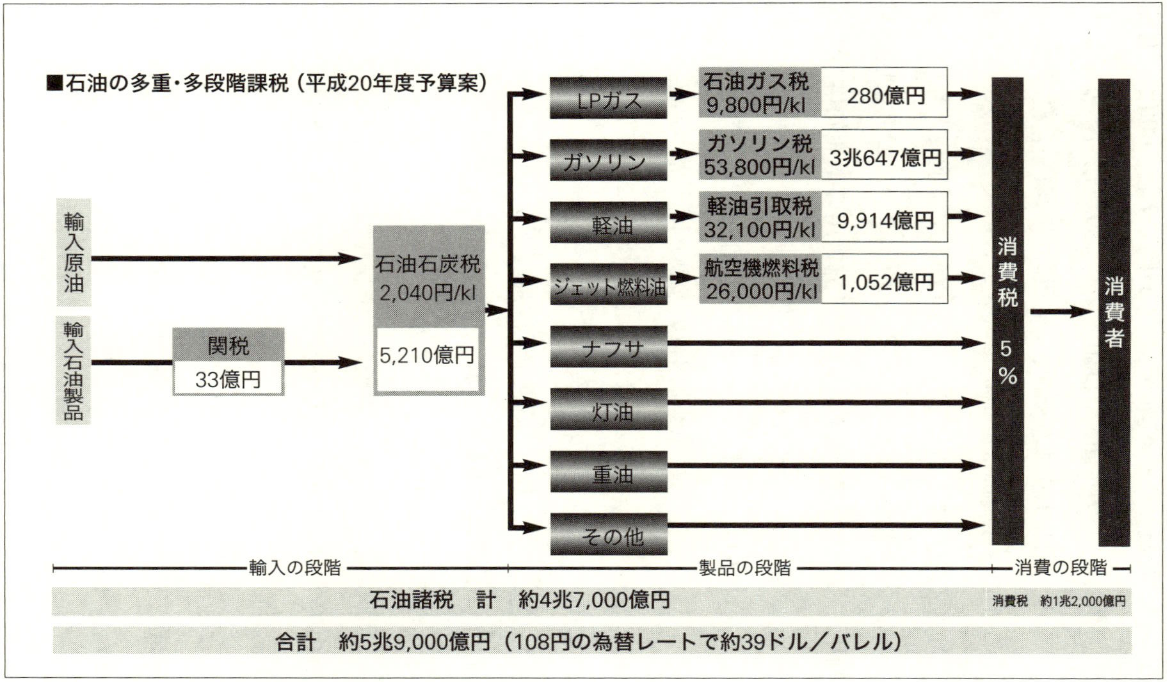
■石油の多重・多段階課税（平成20年度予算案）
輸入原油
輸入石油製品
関税
33億円
石油石炭税
2,040円/kl
5,210億円
LPガス
ガソリン
軽油
ジェット燃料油
ナフサ
灯油
重油
その他
石油ガス税
9,800円/kl
280億円
ガソリン税
53,800円/kl
3兆647億円
軽油引取税
32,100円/kl
9,914億円
航空機燃料税
26,000円/kl
1,052億円
消費税 5%
消費者
輸入の段階
製品の段階
消費の段階
石油諸税　計　約4兆7,000億円
消費税　約1兆2,000億円
合計　約5兆9,000億円（108円の為替レートで約39ドル／バレル）

図4　化石燃料にかかる税金（出典：財務省主税局資料）

どうしたらガソリンの消費が減らせるか

ガソリン車のエネルギー効率は7%です。まず原油を精製する段階で8%のロス、輸送段階で2%のロスが生じます。そして、エンジンでガソリンを燃焼、熱エネルギーを機械エネルギーに変換する段階では85%がロスとなり、15%しか利用できません。機械損も50%あるので、もともとの原料の7%しか利用されていない、という非効率な乗り物です。15%効率のある燃料電池車や、27%効率のある電気自動車の方がずっとエネルギー効率的です。(出典:gc.sfc.keio.ac.jp/class/2007_25027/slides/03/9.html)

このように、エネルギー効率が悪く、運輸部門のCO_2増加の原因となっている自動車は、国内だけで7,800万台、世界では9億台を突破しています（2007年)。まずは、車の数を減らし、自動車交通量を減らすことが抜本的な対策となるでしょう。しかし、これからは途上国でも保有台数が増えていくことを考えると、途上国に対して一概に「車を作るな」「車に乗るな」とは言い難いところです。

さて、1リットルで平均6キロメートル走行する車で毎月1,000キロメートル走行すると、年間約5トンのCO_2が排出されます。2リットルのペットボトルに入れれば140万本分。これが、平均的なマイカーオーナーが1年間に排出しているCO_2の量です。これをどうやって減らすかが問題です。「ライフ・サイクル・アセスメント」(LCA；製品の一生の環境負荷）を考えると、車を作る時や廃棄する時のCO_2排出量より、使用時のCO_2排出量の方がずっと多いのです。そのため、車を使う機会を減らすことが必要です。私たちにできることは、まずは公共交通機関を使うことでしょう。そして、輸送をトラックから鉄道や船舶に切り替える「モーダルシフト」も重要になります。

ロンドンでは、平日の午前7時から午後6時に市内に入る車両には、8ポンドの「混雑税」(Congestion Charge) の支払いを義務付けています (2003年2月導入)。電気自動車は免除になりますが、一方で、CO_2排出量が225g/km以上の車は25ポンドに値上げの予定です。このような思い切った施策は難しいとしても、郊外の鉄道駅に格安の公共駐車場を整備して、公共交通機関の利用を促す「パーク＆ライド」は、もっともっと普及させたいものです。

次に、ガソリン使用量を少なくする方法として、ガソリン車を環境にやさしいハイブリッド車、電気自動車、そして燃料電池車へと替えていく方法があります。燃料自動車も技術的には完成していますが、実用化のためにはブレイク・スルー (難関突破) が必要な段階です。

ニッサンのカルロス・ゴーン社長兼最高経営責任者 (CEO) は、「環境問題を避けて通るようでは自動車業界に未来はない。自動車メーカーにとって環境保護が必須条件となる」と断言しています (『ルネッサンス　再生への挑戦』ダイヤモンド社)。しかし同時に、「こうした環境保護要素は、必ずしも消費者の購買意欲とは結びつかない」とも述べています。

最近は、ハイブリッド車を街で見かけることも増えてきましたが、全車種の中で見るとまだまだマイナーです。ハイブリッド車は、確かに静かで乗り心地がいいのですが、いかんせん同レベルの車種に比べて価格は割高です。

2009年以降、次世代型電気自動車の販売が予定されています。こちらは、夜間電力を使って充電するので、維持費は安くなります。スイスのツェルマットというマッターホルンの登山口にある村では、ガソリン車の乗り入れは禁止されています。中心地区を走る車は、村営バスも含めてすべて電気自動車です。日本の観光地も、このような環境を売りにする、思い切った「町おこし」にトライしてもらいたいものです。

2002年末に実用化された燃料電池車は、まだ市販されていません。値段はつけようがありませんが、我々庶民が利用できる価格まで下がるには時間がかかりそうです。それでも早晩、燃料自動車も夢物語ではなくなるでしょう。燃料自動車が普及するためには、水素を貯蔵する技術が必要です。ガソリン自動車がガソリンスタンドで燃料を補給するように、燃料自動車は水素ステーションで燃料となる水素を補給するからです。水素の貯蔵は難しい技術ですが、その水素が化石燃料からではなく、自然エネルギーから作られるようになると、一層、低炭素社会に近づきそうです。

道路特定財源のゆくえ

日本はほぼ100%、原油は輸入に頼っています。輸入段階の原油すべてに対して「石油石炭税」が課税されます。ところが、その後の製品の段階になると、運輸部門に偏って課税されています（図4参照）。

運輸部門用に精製された燃料には、それぞれ別個の税金が課されています。LPガスに対しては「石油ガス税」が、ガソリンに対しては「ガソリン税」が、軽油に対しては「軽油引取税」が、ジェット燃料油に対しては「航空機燃料税」が課税されます。ところが、ナフサや灯油、重油には税金はかけられていません。ナフサは、石油化学製品の基礎原料ですから、国際競争力からみて課税対象外にしたのでしょう。灯油は、暖房用に使われるので、生活必需品に対する配慮、重油は、ディーゼル機関や大型ボイラーの燃料用に使われることに対する配慮があったのでしょう。

ガソリンや軽油にかかる税金は高いのですが、これらの税金が2008年4月の1か月間だけ安かったのは記憶に新しいところです。**表2**に示す暫定税率は、「租税特別措置法」によって、期限を限って本則より高い税率に設定されています。その期限が2008年3月31日だったわけですが、「ねじれ国会」の影響で、すったもんだのあげく、期限を延長する法案が可決されませんでした。その結果、本則税率の約2倍になっている暫定税率が期限切れとなってしまったのです。

このような「自動車関連税」は、本則税率の約2倍の暫定税率が、1974年以来30年以上延長されています。「暫定」というには、長過ぎる期間です。

そしてもう一つの問題は、これらの自動車関連諸税が「道路特定財源」に組み込まれてしまっていることです。これら道路整備事業に使われる道路特定財源は、公共事業削減の影響で予算が余っているにもかかわらず、です。「余っているなら、道路特定財源を廃止しろ」「せめて暫定税率分を本則税率に戻せ」という議論がされるのは当然のことです。

表2　道路特定財源諸税の概要

（出典：http://www.mlit.go.jp/road/ir/ir-funds/sp-funds/sp-funds00.html）

	税　　目	道路整備充当分	税　　率	平成20年度税収 （億円）
国	揮発油税 昭和24年創設 昭和29年より特定財源	全額	（暫定税率） 48.6円/リットル （本則税率） 24.3円/リットル	2倍 ↑ 27,299 （27,685）
国	石油ガス税 昭和41年創設	収入額の1/2 （1/2は石油ガス譲与税として地方に譲与される）	（本則税率） 17.5円/kg	140 （140）
国	自動車重量税 昭和46年創設	収入額の国分（2/3）の約8割（77.5%） （収入額の2/3は国の一般財源であるが、税創設及び運用の経緯から約8割（77.5%）相当額は道路財源とされている）	［例］自家用乗用 （暫定税率） 6,300円/0.5t年 （本則税率） 2,500円/0.5t年	2.5倍 ↑ 5,541
国	計			32,979 （33,366）
地方	地方道路譲与税 昭和30年創設	地方道路税の収入額の全額 （揮発油税と併課される） 58/100：都道府県及び指定市 42/100：市町村	（暫定税率） 5.2円/リットル （本則税率） 4.4円/リットル	1.2倍 ↑ 2,998
地方	石油ガス譲与税 昭和41年創設	石油ガス税の収入額の1/2 ：都道府県及び指定市	石油ガス税を参照	140
地方	自動車重量譲与税 昭和46年創設	自動車重量税の収入額の1/3 ：市町村	自動車重量税を参照	3,601
地方	軽油引取税 昭和31年創設	全額 ：都道府県及び指定市	（暫定税率） 32.1円/リットル （本則税率） 15.0円/リットル	2.1倍 ↑ 9,914
地方	自動車取得税 昭和43年創設	全額 3/10：都道府県及び指定市 7/10：市町村	（暫定税率） 自家用は 取得評価額の5% （本則税率） 取得評価額の3%	1.7倍 ↑ 4,024
地方	計			20,677
合　　計				53,656 （54,043）

一消費者としては、ガソリンや軽油が安くなってくれるのは嬉しいことです。しかし、安くなると多く使ってしまいがちです。暫定税率分が廃止されたと仮定すると、第一約束期間（2008～2012年）、平均で1年当たり約800万t－CO_2、排出量が増加すると試算されています（国立環境研究所）。温暖化防止に逆行することは間違いありません。

これらの自動車関連諸税は、炭素排出量に応じた課税方法になっていませんが、それでも炭素税的役割を担っていました。本則税率に戻すと、その役割を果たせなくなってしまいます。

道路整備事業に代わって、温暖化防止対策として、暫定税率分を炭素税に組み替えるという案もあります。ベターな方法だと思います。環境税の導入を受け入れる方針に転換した日本経団連は、ガソリン税や石油石炭税をCO_2排出責任に応じた税として位置付け直し、使途を環境対策に組み替える考え方を示しています。

一方、道路特定財源に関しては、2009年度からは一般財源化されます（2008年5月13日閣議決定）。「地方道路譲与税」（国税）は、「道路の費用に充てる財源を譲与する」との目的規定を、「財源を譲与する」に改め、名称も「地方揮発油税」（仮称）に変わります。「自動車取得税」や「軽油引取税」などの地方税も、目的税から普通税に改め、使途制限が廃止されます。

最近は、「田舎みち」もかなり立派になってきました。いつまでも道路を作り続けるばかりがインフラ整備という時代でもないでしょう。

日本型バイオエタノール利用方法

農作物をガソリンの替わりに使うことへの疑問

今、話題を呼んでいる「バイオマス」は、「燃料・原料として利用できる、生物活動に伴って生産される有機物」というのが一般的な定義です。

木材等を燃やせばCO_2が出ますが、それはもともと生成過程で、光合成によって植物中に固定されたものです。吸収から排出まで数十年のタイムラグ（時間差）はありますが、正味の排出量はゼロとなります。京都議定書では、バイオマスはライフサイクルの中で大気中のCO_2を増加させないので、CO_2を排出しないとみなされます。したがって、バイオマスは、唯一の循環エネルギー資源で、CO_2濃度を上昇させることがない「カーボン・ニュートラル」(炭素中立）なエネルギーということになります。

昨今、トウモロコシやサトウキビ、小麦から自動車燃料であるバイオエタノールを作る動きが世界的に活発になっています。2007年の世界の生産量は、年間約5,000万kl で、米国とブラジルで9割弱を占めています。さらには、航空業界でも、バイオ燃料を実用化しようという機運が高まっています。

バイオエタノールブームのきっかけは、アメリカで2005年8

月に成立した「エネルギー政策法」です。自動車燃料へのバイオ燃料使用を推進し、自動車燃料に含まれる再生可能燃料を、2010年には68億ガロン（2,574万kl)、2012年には75億ガロン（2,839万kl）とする目標を掲げています。次いで、2007年12月に制定された「エネルギー自立･安全保障法」では、2022年までにバイオ燃料を360億ガロンとする項目が盛り込まれています。

ブッシュ前大統領は、2006年1月の一般教書演説で、最先端のエタノール製造技術に対して資金を供給し、米国の石油輸入への依存度を低減するというイニシアティブを描きました。2025年までに中東原油の輸入を75％削減する予定だそうです。2007年1月には、「2017年まで（10年以内）にガソリン消費量の20％削減」(20 in 10）を提案しました。オバマ大統領は、「グリーンニューディール政策」を掲げていますので、バイオ燃料への推進策は、これからも続くでしょう。

このようにバイオエタノールの利用は、中東への原油依存を減らし、併せて環境へ配慮することが狙いでした。ところが、アメリカには拝金主義的なところがあり、それによって、大豆からトウモロコシへの転作や、穀物市場への投機資金の流入が続き、食糧危機の一因になっている、と批判されています。トウモロコシやサトウキビといった農作物は、手間暇かけて育てるものです。それを食糧としてではなく、ガソリンに混ぜて使うのですから、じつにもったいない話です。全面的に肯定できる方法ではありません。

バイオ燃料と地域再生—農林業のエネルギー産業化

日本でも、農林水産省が中心になって、「バイオマス・ニッポン総合戦略」が2006年3月31日に閣議決定されました。2010年度には、原油換算50万kl（エタノール換算だと80万kl）のバイオ燃料を輸送用燃料として導入する目標が立てられました。しかし、国産バイオエタノールはほぼゼロの状態なので、輸入に頼ることになりそうです。

これらの動きに伴って、バイオエタノールの実証実験が7か所（北海道、山形県、岡山県、大阪府、福岡県、沖縄県2か所）で始まりました。うち、北海道は規格外小麦を、山形県はコウリャンを、沖縄県伊江島は新品種のサトウキビを、宮古島はサトウキビの搾りかすを使った実験です。一方、大阪府では建築廃材を（年間1,400kl、2009年にも4,000klに拡大）、岡山県では製材所から出る木屑を使ってセルロース系（雑植性）バイオマスの実験を、福岡県では食品廃棄物を使った実験を行っています。

仮に地球上の全耕地面積で、エタノールの原料を栽培してエタノールを生産しても、現在消費されているガソリンに置き換えることはできません。私たちがわざわざ育てた作物をガソリンの替わりに使うという方法は、セルロース系バイオマス（稲わら、建築廃材、間伐材等、木草系バイオといった雑植系）利用への過渡期の方法に過ぎないでしょう。食糧と競合しないセルロース系原料からの糖化は、でんぷん系原料より技術的ハードルが高く、低コスト化に向けた技術開発が必要な段階ですが、「第三世代」のバイオ燃料として注目されています。

日本では、廃棄物バイオマスや未利用バイオマスの量は十分あるのですが、「広く、薄く」存在している（採取しにくい）うえ、水分含有量が多く（燃えにくい）、かさばる（運びにくい）という欠点があります。さらに、効率の高い変換技術の開発が不十分ということもあって、化石燃料と比べて経済的に不利です。多くの産業廃棄物を出している建築廃材の約6割は未利用、間伐材・被害木を含む林地残材のほとんども未利用のままです。

しかし、第三世代のバイオマス推進は廃棄物問題解決にも効果的です。「循環型社会形成推進基本法」（2001年施行）を主軸に、循環型社会形成のための各種リサイクル法（図5参照）が成立していますが、その原動力は最終処分場の逼迫というゴミ問題にあります。産業廃棄物の総排出量の約2割は、建築廃材が占めています。これらの建築廃材からの燃料用エタノール製造が実用化されると、化石燃料の取り過ぎ、CO_2の出し過ぎを防ぐための礎になることが期待されます。

日本の国土の7割は、山地です。そして日本は、「京都議定書」の国際公約である温室効果ガス6％削減義務のうち、3.8％分の削減を森林吸収に頼っています。削減量に組み込めるのは、新たに植林した分や間伐をした森などに限られますが、その頼みの綱の森林は荒れ放題です。山林の維持管理は、治水や水源の保持、動植物の保全のためにも必要なものです。

中山間地には、未利用の間伐材がたくさんあります。間伐材や製材所の木屑など原材料はタダ同然ですが、輸送に手間

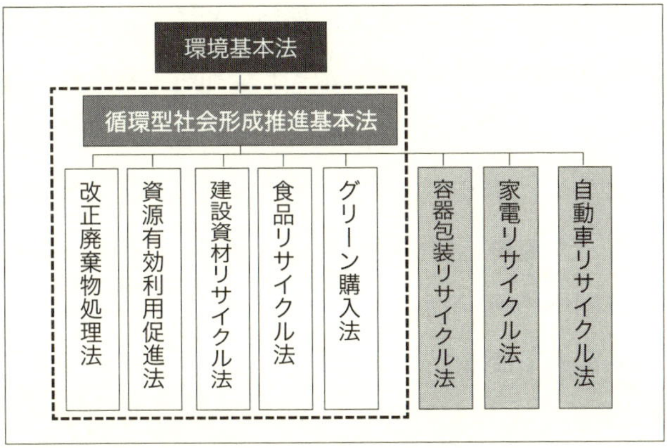

図5　循環型社会形成の推進のための法体系

と費用がかかるのが問題です。

また、後継者不足と減反政策で荒れ放題になっている田んぼや里山の問題もあります。都市部では隣近所のコミュニティが崩壊し、「困った時はお互い様」といった連帯感が薄れてしまいました。農村では、農業を守るための共有地（コモンズ）の地縁組織が壊れてしまいました。田植えを総出でやったり、働き手がいない、歳をとった人の田んぼをまず優先する、といった農村の伝統は、「農業基本法」（1961年）ができて以来、失われてしまいました。農産物価格も下落し、農業では食っていけないのが現実です。農業が成り立たなくなってしまった結果、食糧自給率は4割（カロリーベース）に満たなくなってしまいました。

田んぼや畑は耕作しなくなると、あっという間に荒れ地に戻ってしまいます。休耕田で食用の米を作ることができないなら、せめて燃料用作物に転作することによって、田んぼが耕作放棄地になってしまうのを防ぐのも一案です。セルロース系の技術が実用化されると、稲わらやイネ科の雑草、剪定した街路樹をバイオエタノールとして利用する方法も考えられます。

このように、木質バイオマスをエタノール化（液体燃料）するには、大規模工場が必要になりますが、ペレット化やチップ化（固体燃料）して、ボイラーや暖房用のストーブ、石炭火力に混ぜて使うという方法もあります。そして最終的には、「エネルギーの地産地消」という状態を作り出すことができます。不要物をエネルギーに替える、循環型利用ができる「第三世代」が実用化されて初めて、もろ手を挙げてバイオマス推進といえる時代になるのでしょう。

日本の電気代はなぜ高い？

資源に乏しい島国のエネルギー事情

日本はかつて、エネルギー自給率100％の国でした。エネルギー源は薪と木炭で、山林を大切に守りながら自然循環の範囲内で暮らしてきました。石炭鉱山の全盛期だった1955年でも、自給率は80％ありました。しかし今、エネルギー自給率は4％(大部分は水力発電）です。

日本が1年間に消費するエネルギーの量は、2万3,770ペタジュール（PJ；熱量を表す単位で10の15乗ジュール）です。この一次エネルギーのうち、石油が47.1％、石炭が20.5％、天然ガスが15.1％と化石燃料が82.7％を占めています（2006年度エネルギー需給実績；経済産業省)。

1970年代の第一次オイルショック時には、石油への依存度が70％を超えていましたが、石油代替エネルギーの多様化を目指した結果、その依存度が50％弱に減少し、その分、天然ガスや石炭が増えています。しかし、化石燃料全体で見ると、その依存度が8割を超える状況に変わりはありません。

このように、エネルギー資源に乏しく、かつ閉鎖的な島国である日本では、エネルギー市場の特性を十分考慮に入れた上で、エネルギー政策を立てる必要があります。

温暖化対策の目的は、エネルギーシステムを長期的に変化させ、持続可能な社会を構築することです。化石燃料は、地球の生態系が35億年もの歴史をかけて蓄積した太陽エネルギーですが、このままではたった数百年で使い切ってしまいそうです。

年間3億トン輸入される化石燃料のほとんどは、精油所(60%)、発電所（25%)、ガス会社（5%）に送られますが、そのうち有効利用されているのは35%に過ぎません。65%は損失(エネルギーロス）となっています。

エネルギー消費割合のうち約30%が、発電などのエネルギー転換部門で消費されます。需要地から遠く離れた原子力発電、火力発電、水力発電などの大規模発電所は、発電のプロセスで発生する熱を捨て、電気だけを使っているので、せいぜい4割のエネルギーしか有効利用できていません。一次エネルギーの50%は、廃熱となって捨てられています。「もったいない」という意見から、分散型電源を増やすとか、コージェネ（コジェネレーションの略称）の推進などが推奨されます。

コージェネとは、廃熱を利用することで利用効率を上げ、資源を有効利用して省エネを図ろうとすることです。これにより、最大80%程度まで利用効率を上げることができます。ホテルやオフィスビル、病院での自家発電などに分散エネルギーとして利用できます。一般家庭向けの燃料電池が普及すると、発電時の廃熱で給湯も賄うコージェネが一層普及すると期待されています。

なんといっても、日本の夏場は高温多湿です。この夏場の需要のために、電力会社では予備の電源が必要とされます。

そのため欧米の電力会社に比べて、負荷率（発電可能な量に対して、実際に発電している割合）が低いのが特徴になっています。

温暖化が進んでいるせいか、夏場の日本の「蒸し暑さ」は、「熱い」といってもいいくらいの状態になってきました。電気は、「同時同量」が求められ、かつ貯蔵することができないという特殊なエネルギーです。供給責任がある電力会社としては、夏場の一時的な電力過剰需要による停電のリスクを無視するわけにはいきません。毎年、恒例の話題となっていますが、「エアコンをつけた部屋で、甲子園野球を観る夏休み」のある日に、最大電力量が更新されることが多いのです。この時期、電力会社の中央制御室は、綱渡り気分でしょう。

電気代が高い理由

日本の電気料金が、世界的に見てかなり高いのはどうしてでしょうか。

2000年3月以降、電力自由化によって相当安くはなりましたが、それでもまだ高水準です。日本の電気料金水準は、産業用でほぼヨーロッパ主要国並みですが、家庭用では20〜23円／kWhで、ヨーロッパで一番高いドイツよりも2〜3割高値です。

もともと電力自由化をスタートさせたのも、「ガイアツ」（外圧）によるものでした。電力自由化は、英国のサッチャー元首相や米国のレーガン元大統領が進めた規制緩和政策の一環です。この政策に基づくアメリカからの外圧を受けて、日本の電力自由化の議論が始まりました。それが、「2001年までに国際的に遜色のないコスト水準を目指し、わが国の電力のコストを中長期的に低減する基盤の確立を図るため、今後の電気事業はいかにあるべきか」という通産大臣（現・経済産業大臣）からの付託（1997年7月）です。

その後、議論を重ねた結果、「民間事業者の創意工夫・経営の自主性を最大限活用し、行政の介入を最小化するという視点」と「電力会社と新規参入者との対等競争・有効競争の確保」を重視して部分自由化に踏み切る、という方針が1998年に示されました。

しかし、経産省が自由化によってめざす電気料金の値下げとは、国際競争力をつけるために、産業用の電気料金を下げることでした。儲けの少ない家庭用電力の値下げを目指したものではありません。このあたりが、市民の求める電力自由化の姿と異なるところです。

家庭用の小口電力が自由化され、地域の電力会社から別の電気事業者へ契約先を替えようとする場合、メーターを自前で買い換える必要があります。一般家庭で、そこまでして契約先を替えようとする市民は、「より安い電気」の供給先を求める人たちではなく、少々割高でも「グリーン電力」（自然エネルギー発電による電力）を使いたい人たちでしょう。競争促進による電気代の値下げ競争だけが、電力自由化の唯一の「解」ではないはずです。

日本で電気料金が高い最大の要因は、送電線や送電塔などの流通資本コストが高いことです。これは、アメリカの3〜4倍にもなります。送電網などのインフラを形成するうえでの調達コストが高かったためです。なぜ高かったかというと、山間僻地が多いという自然環境面の制約や補償料の支払いも一因です。

しかし、最大の高コスト要因は、地域独占・供給義務と引き替えに「総括原価方式」という、電気を供給するのにかかった費用を全て電気料金に組み込むことができる方式が採用されてきたことでしょう。

コストが高くても全て電気代に転嫁できるので、電力会社は高コスト体質になりました。地域独占なので、競争が起きにくく、高料金になりやすい体制だったのです。

電力自由化と自然エネルギー

電力自由化によって、上記の総括原価方式は崩れました。大口顧客に限られていますが、新規参入者（PPS；特定規模電気事業者）がこれまでの電力会社からお客を奪っていく競争が始まりました。

自由化の範囲は徐々に広がり、2005年4月から50kW以上の全ての顧客（電力量の63%）に対して自由化が行われています。まだ自由化されていないのは、家庭やコンビニなどの小口だけですが、大口顧客と違って利幅の少ない小口顧客の自由化に興味を示す新規参入者は少ないようです。

さて、新規参入者は、既存の電力会社からどのくらいのお客を奪っていったのでしょうか？　新規参入者のシェアは、2007年2月時点で、特別高圧で4.17%、高圧で0.82%、自由化対象需要全体で2.18%です。ただし、新規参入者は、化石燃料に頼る割合が高いので、原油高や石炭高の影響を受けてシェアは伸び悩んでいます。自家発電離れも起こりました。

なんといっても、新規参入者は、電力会社の持つ送電網を使わせてもらって電気を供給するわけですから、既存の電力会社より安くないとお客を奪っていくことはできません。ところが、環境面で付加価値のあるグリーン電力は、市場では値段がつかないので、同じ競争の土俵に上がることすら難しい状態です。自然エネルギー発電事業者が、新規参入しようと思っても、環境にやさしい電力には価格面での競争力がありません。

現在、日本でとられている自然エネルギー普及促進策として、NEDO（新エネルギー・産業技術総合開発機構）による補助金や、電力会社が任意に設けている「グリーン電力基金」（消費者が毎月の電力使用料に一口500円の寄付金を上乗せして支払うと、電力会社もその金額と同等の費用を負担して自然エネルギーを普及させる仕組み）や、太陽光発電の余剰電力を電力会社が販売価格で買い取る任意の制度があります。電力会社は、自然エネルギー普及に対し消極的と思われていますが、それでもこれらの費用負担は数百億円に上っています。

また、「電気事業者による新エネルギー等の利用に関する特別措置法」、いわゆる「RPS法」による電力会社の新エネルギー利用義務もありますが、これは低い目標値（2010年で全販売電力の1.35%、2014年で同じく1.63%）によって、逆に“自然エネルギー抑制法”となってしまっています。

一方、消費者側から自然エネルギーを促進しようとしても、一般家庭では自然エネルギーを直接、電力会社から購入することはできません。契約電力が、50kW（高圧A）以上の大口需要家に対してしか自由化されていないからです。大口需要家で、「改正地球温暖化対策推進法」(2006年4月施行) によって、温暖化ガスの排出量を国に報告する義務のある事業者(約1万5,000事業者) が、使用する電力をグリーン電力に変更しようとする場合には、供給元を変更できます。

また、このような事業者は、日本自然エネルギー株式会社の行っている「グリーン電力証書」を利用するという手もあります。グリーン電力証書というのは、自然エネルギーによる電気の持つ「環境付加価値」を「電気」と切り離して、「証書」という形で取引するものです。2008年8月28日現在で、174団体が契約を結んでおり、契約量は1億5,217万kWhになっています。

しかし、個人レベルでは、太陽光発電を設置するか、風力発電を共同で建設し、建設時に「市民ファンド」を購入する程度しかできません。太陽光発電は一般家庭でも利用できますが、エネルギー密度が薄く、発電単価が高いので、なかなか元をとることができません。風力発電は、乱流や雷が多く、さらには台風も多い日本では、リスクもあります。強からず、弱からず、適度な風が吹く適地は、それほど多くありません。風力発電建設費用として元本の保証されないファンドを購入するリスクに比べ、割高でも「グリーン電力」を購入する方が、より多くの個人の理解を得やすいでしょう。にもかかわらず、現在の電気料金体系では、環境要因は金銭的に評価されない非経済的要因のままです。それゆえに、環境重視が利益につながるようなシステムを電気料金に組み込まなければなりません。

地球温暖化防止の点からは、誰もが賛成し、推進したいと思っているのが、自然エネルギーです。しかし、価格的に従来のエネルギーに太刀打ちするためには、新規参入者も含めた電力供給者側に、「自然エネルギー固定価格買取制度」(FIT;Feed in Tariff)を新たに課すか、RPS法を続けるなら多めの義務量を割り当てる方法が不可欠でしょう。逆に考えると、電気を消費する側(企業も一般家庭も)に、あえて高い自然エネルギーでも購入できる選択肢を与える方が普及促進につながるということです。電力自由化は、このような観点で進めたいものです。

原子力発電所がもたらすメリットは?

原子力発電は、出力調整運転が難しいので、ベースロード電源(基礎的供給電源)として使われています。**図6**に示すように、流れ込み式の水力発電と原子力発電の組み合わせが、一日の電源のベース供給力となっています。CO_2をほとんど出さない原子力発電が、ベースロードとして使われているのですから、電力分野でのCO_2削減への寄与も、電力の安定供給への寄与も大きいといえます。

しかし、原発は、典型的なNIMBY(ニンビー)施設(迷惑施設;not in my back yardの頭文字から)なので、誰もが自分の家の近くにつくって欲しくないと思っています。そこで、原発を推進する政府は、1974年に「電源三法」(「電源開発促進税法」「電源開発促進対策特別会計法」「発電用施設周辺地域整備法」)を作って、電源立地の円滑化を行いました。要は、「原発立地を

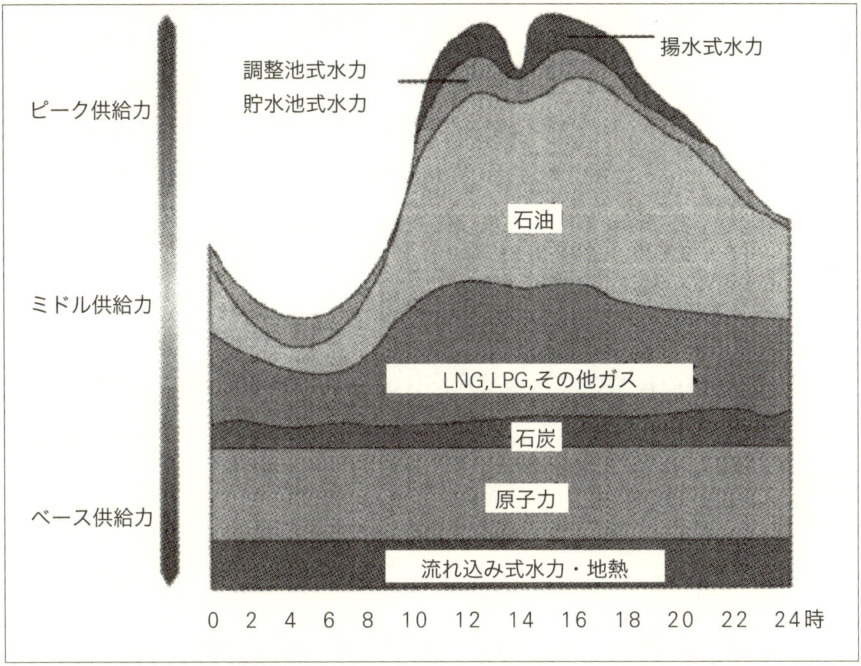

図6　一日の電源の組み合わせ（出典：東京電力、電気事業連合会資料）

受け入れてくれた過疎地にお金を回しますから、迷惑施設をがまんしてください」という政策です。

ですから、“原発銀座”と呼ばれる地域には、立派な道路や箱モノ施設が多くつくられています。しかし、これら電源三法からの交付金は、着工時をピークに徐々に減っていきます。減価償却に伴って、固定資産税も急速に減っていきます。ところが、原発を誘致する市町村の多くは、もともと財政基盤が弱く、予算規模も小さい過疎地です。いったん電源三法の交付金や補助金が入り始めると、あっという間に原発頼みの財政体質に変わってしまいます。

原発が建設されている市町村は、全国で21か所あります。これらのうち一般会計に占める原発関連税収の割合は、宮城県女川(おながわ)町の56.7%を筆頭に、12市町村で25%を超えています。電源三法に基づく交付金・補助金累計額も、福島県富岡町の684億円、新潟県柏崎市の564億円を筆頭に、21市町村のそれぞれ全てが累計額100億円を超えています（2008円7月20日付朝日新聞）。

固定資産税の税収も減っていくので、誘致のメリットは一時的なものに過ぎないのですが、膨らんだ財政規模はなかなか元に戻せません。したがって、原発の増設を容認した地域では、原発の増設がもたらしてくれる財政上のメリットに頼った地域振興しか選択肢がなくなってしまいます。果たして、それが本当の地域振興になっているのか、疑問に思えるところです。

電力自由化と原子力発電

一方の政府側の立場としては、エネルギーの安全保障を担う原子力発電は、悲願の準国産エネルギーでした。ところが、その国策を実行してきたのは民間電力会社です。

現在の10電力会社体制は、1952年に成立しました。この発送配電一貫経営という日本の電気事業の特徴は、1886（明治19）年に東京電灯株式会社が営業を開始して以来、120年を超える歴史によって培われてきたものです。1939年、「国家総動員法」によって日本発送電株式会社となった時期は、唯一の例外期間でした。

電気事業において、安定性を軽視した効率性の追求はありえません。現代生活は、電気なしでは成り立たないからです。電気は、単なるインフラを超えて、生活に欠くことのできないライフラインとなっています。かといって、環境要因を軽視した効率性の追求も、環境要因を軽視した安定供給の追求も望ましくありません。これら相反する公益性を、民間電力会社だけで達成させることは不可能でしょう。

電力会社は上場民間企業なので、「金融商品取引法」(証券取引法)によって規制され、株主への配当責任も負っています。また一方で、ほぼ地域独占が認められた公益企業なので、顧客への満足度を優先して値下げをすることは利益の圧縮につながります。それは、ひいては、株主の不満につながるという特殊な産業になっています。よって、自由化を背景とした値下げ圧力の中で環境重視を打ち出すことは、市場に依拠した株式会社としては矛盾を抱えることになります。

各電力会社の連合体である電気事業連合会(電事連)が「環境自主行動計画」として唱えている温暖化対策は、使用電力量の削減ではなく、CO_2排出原単位20%削減です。もちろん温暖化対策としては、電気使用量の削減目標の方が望ましいのはいうまでもありません。しかし、電力会社は上場企業ですから、「売上高の減少目標」を掲げることは不可能でしょう。

そこで電事連は、CO_2をほとんど出さない原子力発電を"温暖化対策の切り札"としています。かつては原発を推進するために、「原発は安い」といってきました。1999年12月の通産省(現・経産省)の発表では、キロワット/時(kWh)当たり、水力13.6円、石油火力10.2円、LNG(液化天然ガス)火力6.4円、石炭火力6.6円、原子力5.9円となっています。しかし原子力は、

①高い投資コスト、②将来コスト（放射性廃棄物の処理コスト）の不確実性、③長期の投資・運転管理、④収入と支出の時間的ズレ、⑤国の関与、という独特の特徴を持っています。解体廃棄物処理費用、高レベル廃棄物処理費用、研究開発費、電源三法交付金などを算定すると、原子力はむしろ割高な電源になっていることは間違いありません。

また日本は、原発の使用済み燃料を、そのまま廃棄する「ワンススルー方式」ではなく、MOX（モックス）燃料として再処理する「核燃料サイクル」を選択しました。核燃料サイクルは、石油ショックやウラン埋蔵量の過小評価で、国際的なウラン価格が高騰していた1967年に打ち出された方針です。その後、ウラン資源が十分あるという調査報告がされたことによって、ウラン価格は下落しました。

青森県・六ヶ所村の核燃料再処理工場の本格稼働は、また延期され、2009年8月になる見通し（当初計画から6年半遅れ）です。その費用は、11兆円（再処理工場が40年フル稼働・無事故で操業すると仮定して電事連が試算）から19兆円（使用済み核燃料処理を含めて今後80年間での費用負担；2004年5月21日朝日新聞）になります。11兆円程度は、電力会社がすでに引当金を積んでいますが、残りは電気料金に転嫁して（標準家庭で一年につき、1260円～1404円；2004年6月経産省試算）、回収することになります。

このように、燃料費は安いけれども、建設コストがかかる原子力の強みは、運転開始後20年以上たってから現われます。原子力は、少量で大量のエネルギーを発生します。原子炉に一度燃料を補填したら、一年間燃料補給なしで運転できるので備蓄性にすぐれています。しかし逆に、電力小売が完全自由化され、新規参入者が安い料金で顧客を奪っていくと、需要増を見越して開発した電源が不要となり、開発コストが回収できなくなります。このような理由で、経産省は電力の完全自由化には二の足を踏んでいるのでしょう。

「電力の安定供給のため、低炭素エネルギーを生み出す原子力発電を維持」というのが、政府や電力会社の立場ですが、放射性廃棄物処理やプルトニウム管理の難しさなど、原子力発電には別の形で環境に悪影響を及ぼす可能性もあります。このような目に見えない危険をはらむ原子力発電について、全面的な受容（パブリック・アクセプタンス）は困難です。それゆえに、新規立地がゼロに近くても、CO_2排出抑制策と両立できるような政策を策定する必要があります。

電力自由化の中で原子力発電が生き残るには、①新規原子力発電所を国有化するか、または放射性廃棄物処理に関する国の責任を明確化する、②原子力に対して税制面で支援する、しかないでしょう。

しかし、効率性を高めるためには、原子力発電はやはり民間が担っていくのが原則とならなければなりません。国の特殊会社として1952年に設立された電源開発株式会社ですら2004年に民営化され、「Jパワー」という略称の上場企業になりました。戦前からほぼ一貫して民間企業に委ねられていた電気事業を国営にするのは、行政改革、規制緩和という時代の流れに逆行することになります。

さらに、エネルギーの安全保障（エネルギー・セキュリティ）の観点から原子力発電に直接的な政府支援を行うにも、何らかの点で「市場の失敗」（完全自由化の挫折）がない限りは不可能でしょう。また、これまで原子力発電に対して多くの税金が投入されてきた経緯から、「原子力維持のためのさらなる税金の投入を」という政策も説得力に欠けます。

資源に乏しい日本のエネルギーの多様化のため推進してきた原子力は、今、“温暖化対策の切り札”へと役目を変えようとしています。電力の自由化を推進するのも、原子力発電を推進するのも、ともに経済産業省の仕事です。経産省の官僚の方々もこの矛盾には気づいているはずですが、数字合わせの必要性ゆえか、そして数年ごとにポジションが変わる「責任をとらない体制」ゆえか、問題解決を先送りしているとしか思えません。

電源の選択

天然ガスか、石炭か、石油か

図7に示すように、電力会社の年間発電量は年を追うごとに増加しています。2007年度の電力販売量は、前年度に比べて3.4%増加しました。そして、電力10社の2007年度のCO_2排出量は、90年度に比べて51.6%、前年度に比べて14.3%増えました。日本のCO_2排出量を4%押し上げる要因になっています。

電事連の「自主行動計画」では、排出原単位を90年実績から20%程度低減（0.34kg－CO_2/kWh）する目標を掲げていますが、2007年度の実績は平均0.453kgです。削減どころか10.5%増加しています。新潟県中越沖地震による柏崎刈羽原発の運転停止を始めとして、全国の原子力発電の稼働率が60.7%と、前年度より9.2ポイント低下したことが主要原因です（過去最大の稼働率は98年度の84.2%）。柏崎刈羽原発の停止によって、年間約3,000万トンのCO_2が余計に出ています。地震大国日本で、原子力発電に過度に依存することはリスクが大きくなってしまうのです。

脱原油として、ほとんどCO_2を出さない原子力発電への移行とともに、炭素含有量のより少ない天然ガスへの移行がよく言われます。ところが実際は、燃料価格の安い石炭の利用が

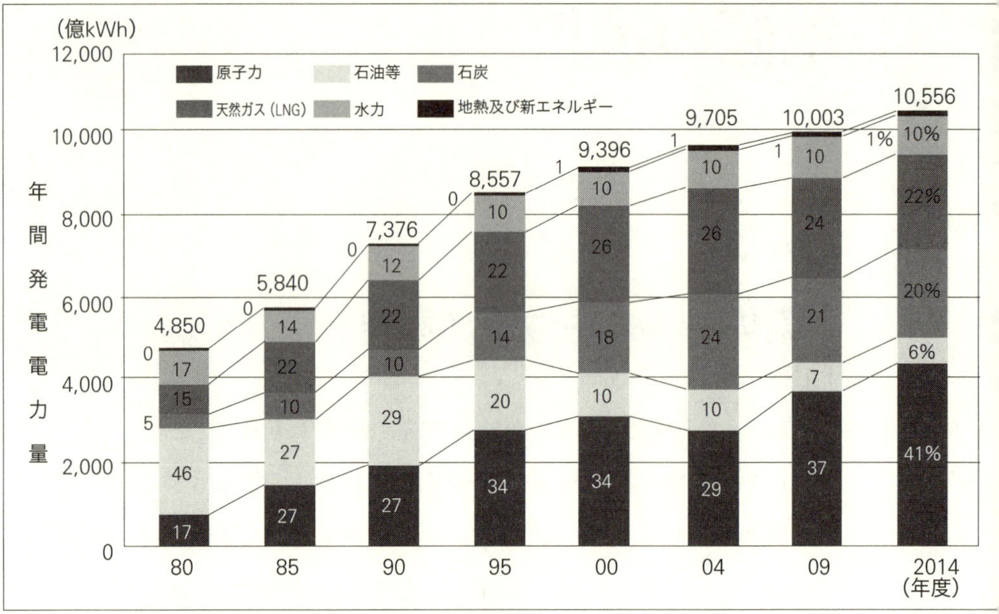

図7　電源別発電電力量の実績及び見通し
(出典：原子力・エネルギー　図面集2005-2006)

進んでいます。90年には9,800万トンであった石炭火力発電所からのCO_2排出量は、2005年には2億4,300万トンに増えています。すなわち、90年以降の石炭火力発電所からのCO_2排出量増加は、日本全体の排出量増加を上回っています。これら石炭火力発電から、炭素含有量の低い天然ガス発電へと燃料転換するだけで、CO_2排出量は半減できます。しかし、石炭は値段が安いので、石炭火力発電の割合が増えてしまっています。

このようなCO_2排出量の増加によって、地球環境に悪影響がもたらされているわけですが、積極的にその対策をとらないためコストに反映されていません。こうした環境コストを、排出量取引や炭素税によって市場価格に反映させることが「内部化」です。このような社会的費用は、人為的に高くすべき費用です。

二次エネルギーである発電量全体で見て、化石燃料への依存は約6割、うち石炭火力への依存は約24%を占めます（2004年度）。炭素含有量が最も多いものの、残存埋蔵量が最も多く、かつ燃料価格の安い石炭火力に依存せざるをえない現状は、温暖化を一層進めてしまっています。電力自由化後の電気料金の値下げ分は、石炭火力発電の増加分と、ほぼ一致しています。つまり、石炭火力を増やすことによって、電気料金を下げてきたことになります。

ところが、「今後の望ましい電力事業制度の在り方について」（総合資源エネルギー調査会電気事業分科会報告：2008年3月10日）では、「石炭火力はCO_2排出原単位が高いものの、効率性や安定供給の観点からは積極的に評価されるべき電源である」と、石炭火力推進が明記されています。

その埋め合わせ（オフセット）としては、大規模発電である原子力発電への一層の依存を高めざるをえません。政府の政策では、2009年度で37%、2014年度で41%と、原子力への依存をさらに高めようとしています。電力業界は、「原子力は、CO_2をほとんど出さないクリーンなエネルギーです」というテレビCMを、繰り返し、繰り返し流しています。放射性廃棄物問題を無視して、クリーンエネルギーということができるのでしょうか。

原子力発電を全廃して、自然エネルギー促進のみで温暖化防止というのは机上の空論でしょう。世界で最初に、「脱原子力政策」を国民投票で決定（1980年3月）したスウェーデンですら、脱原発政策を転換しました（2009年2月）。日本国内の電力を、原子力発電なしに賄うのは不可能でしょう。しかし、政府の目論むように、原子力発電を“温暖化の切り札”とするのも無理があります。日本では出力調整運転が事実上できない原子力発電は、夏場（最大電力量）と春秋（最少電力量）の電力需要の差が年々広がっている中で、自然エネルギー推進への障害にもなります。すなわち、原子力発電への過度の依存は、柏崎刈羽原発のような地震による原発停止時に火力発電を増加させてしまい、温暖化防止に逆行します。さらには、後述する「電力系統問題」（57ページ参照）を原因とする、自然エネルギー促進の停滞を招く結果となってしまいます。

炭素含有量のより少ない燃料源へ—石油石炭税

このように、結局、実際に増え続けている電源は石炭火力発電です。

2009年以降、大規模な石炭火力発電所増設計画が5件あります。原子力発電は、新規立地に時間がかかる、高レベル放射性廃棄物の最終処分場建設のメドが立たない、といったアキレス腱がありますが、石炭火力発電所の急増に対しては歯止めがかからない状態です。

しかし発電は、炭素含有量のより少ない燃料源に転換していかなければなりません。スウェーデンやドイツで採用された原子力発電の段階的廃止（フェイズ・アウト）は、結局、その実現がおぼつかないことになってしまいましたが、むしろ必要なのは、石炭火力発電所の段階的廃止の方かもしれません。

燃料価格自体の動向は、市場メカニズムに委ねるしかありません。しかし、CO_2排出によってもたらされる社会的コストを是正するには、何らかの政府の関与が必要になります。化石燃料の使用によって、地球全体にもたらされる社会的なコストは価格に含まれていませんが、温室効果ガス対策も電気事業者が果たすべき公共の利益の尊重の一つです。そのために必要な社会的コストは、社会全体で負担することが必要です。

化石燃料を使用する電気事業者は、自ら生み出す社会的コストを負担していません。「炭素税」は、これを課税根拠としています。炭素税には、CO_2排出割合の高い燃料から低い燃料へ転換する価格効果があります。したがって、多様な燃料を利用しうる分野では、炭素税によって燃料を転換させる可能性があります。炭素税は、運輸部門より、むしろ電力分野での低炭素化に対し、効果的であるといえるでしょう。

それゆえ、既存の「エネルギー税」を炭素含有量に応じた課税方法に変えることは、石炭から天然ガスへシフトするための一つのインセンティブ（誘因）になります。原油生産量がピークに達し、減少に転ずる「ピークオイル」の到来が議論される中、世界的な実需も増えているので、石炭価格も急騰しています。それでも、石炭火力発電は、化石燃料の中で一番安い電源です。未だに利用の増え続ける石炭には、課税強化が必要でしょう。

図4（20ページ参照）に示すように、日本では運輸用燃料に対しては、輸入の段階でも（「石油石炭税」）、燃料となった段階（「石油ガス税」「ガソリン税」「軽油引取税」「航空機燃料税」）

でも課税されています。ところが、発電用の場合は、輸入段階での課税のみで、その後の段階での課税はありません。しかも、日本の化石燃料の税率は、どの燃料も、EU諸国に比べて相対的に低く、石炭の税率は特に低くなっています（78ページ表3参照）。

輸入段階での課税である「石油税」は、石油対策財源を確保するために1978年に創設されたものです。この石油税は、それまで非課税であった石炭も課税対象に取り込み、2003年に「石油石炭税」へと改編されました。新たに石炭も課税対象とされたことは、事実上の「環境税」（炭素税）の導入となりましたが、経産省と環境省の両省は、「CO_2排出抑制を主たる目的とした『環境税』とは全く性質や内容を異にする」ことを強調する文書を公表しました。経産省には、環境税導入に反対する産業界への配慮が、環境省には、さらに本格的な環境税の導入論がかき消されてしまう心配があったためです。

2007年4月1日以降、石油石炭税の税率は、①原油及び石油製品は、1キロリットルにつき2,040円、②ガス状炭化水素（LPG、LNG）は1トンにつき1,080円、③石炭は、1トンにつき700円です。これらの税率を炭素1トン当たりに換算すると、①原油753円、②天然ガス400円、③石炭291円となります（2008年9月16日；環境省「諸外国における取組の現状　関係資料」より）。石炭への課税が、圧倒的に安くなっています。輸入価格の違いを加えると、石炭は天然ガスの3分の1の値段になっています。

このように、発電に使われる一般炭（輸入のうち6割）は、新たに課税対象となりましたが、鉄鋼生産に使われる原料炭

（輸入のうち4割）は、いまだ課税を免除されています。石油化学製品の基礎原料であるナフサにも課税されていないこととのバランスや、国際競争力への配慮を考えると、原料炭に対する課税免除も仕方ないのかもしれません。

これらの税収（2008年度予算で5,210億円）は、いったん一般会計の歳入となった後、特別会計に繰り入れられ、石油対策とエネルギー需給構造高度化対策に使われる事実上の特定財源となっています。この特定財源は、経産省の管轄です。

実際の単位熱量当たりの炭素含有量は、天然ガス1.0、石油1.4、石炭1.8の比率なので、石油石炭税法9条の税率は、炭素税になっていません。しかし、この石油石炭税を炭素含有量に応じた課税方法に変更すると、石炭火力に対するCO_2排出抑制効果が期待できるでしょう。石炭燃料の価格を高くすることは、石炭火力発電所急増に対する歯止めの一つになるはずです。

あるいは、もっと現実的な対応としては、既存の石炭火力発電所で木屑（バイオマスチップ）等を混ぜることによるCO_2削減も可能です。石炭価格を相対的に高くすることは、バイオマス促進にもつながります。

原子力振興のための電源開発促進税

一方、販売電気1,000kWh当たり375円の税率で課税される「電源開発促進税」は、石油石炭税の改編（発電用一般炭への課税）と呼応して税率が引き下げられ、2008年度予算は3,480億円に減少しています。

もともと電源開発促進税は、石油危機時の1974年に石油に依存する電力供給体制からの脱却を目指して制定された目的税です。電源開発促進税法第1条（2003年改正）には、「原子力発電施設、水力発電施設、地熱発電施設等の設置の促進及び運転の円滑化を図る等のための財政上の措置並びにこれらの発電施設の利用の促進及び安全の確保並びにこれらの発電施設による電気の供給の円滑化を図る等のための措置に要する費用に充てるため」と、その課税目的が書かれています。

改正前第1条は、「発電施設設置促進と石油代替エネルギーの利用促進」の二つが課税目的になっていました。しかし、2003年「改正法」では、運転の円滑化、安全の確保、電気供給の円滑化へと重点が移っています。より原発の維持・促進へと比重を移したといえるでしょう。

その税収は、「電源開発促進対策特別会計法」により、特別会計に繰り入れられ、ほぼ全額が原子力振興に振り分けられます。これが、発電所の建設される地方自治体への交付金や補助金の原資となっています。2008年度予算では、電源立地地域対策交付金1,104億円など計1,300億円に上っています。

電気代には、一般消費税が、“タックス・オン・タックス（Tax on Tax）状態”で課税されています。Tax on Taxというのは、電源開発促進税やガソリン税のような個別消費税と一般消費税の複数の間接税が併課される場合に生じます。つまり、税金に税金がかかるのがTax on Taxですが、これらの“二重課税”は放置されることも多いのが現状です。

全ての電源構成のうち、原子力発電は3割程度です。にもかかわらず、販売電気を課税対象とした税収ほぼ全額が、原子力発電の振興に向けられています。原子力発電推進目的となってしまっている電源開発促進税という個別消費税は、今もなお必要でしょうか。電気を使用する全ての消費者が、原発推進の費用を負担していることに対する説明責任（アカウンタビリティ）は可能でしょうか。

最初に環境税を導入した北欧諸国のうち多くの国々が、既存のエネルギー税を炭素含有量に応じた課税方法に変えています。ドイツでは1999年、新たに「電気税」を導入して、再生可能エネルギーは免税にしています。

「温暖化防止のために原子力発電が必要か」という問題とは別に、脱化石燃料を目的とするなら、電源開発促進税を税収中立（同規模の増税と減税を組み合わせること）で、炭素税に衣替えするという方法も考えられます。このような炭素含有量に応じた炭素税に改編することは、CO_2をほとんど出さない原子力発電にメリットを与える結果となりますが、それは同時に、自然エネルギー推進にもつながるからです。

電力市場完全自由化

原子力発電が、ベースロード電源（基礎的供給電源）として使用されることによるCO_2削減効果は確かに大きいのですが(41ページ図6参照)、原子力発電に対しては「電源開発促進税」を税源とする電特会計（「電源開発促進対策特別会計法」による）から地元自治体への交付金や補助金などの支援が必要となります。自然エネルギー発電に対しても同様に、CO_2排出抑制効果から見て政府の関与が必要ですが、原子力発電の場合と比較していかがでしょうか。

太陽光発電は、日本が導入量で世界のトップを走ってきましたが、自然エネルギー発電を高値で買い取る「固定買取制度」（FIT）を取り入れたドイツに2005年に抜かれました。風力発電割合では、トップのドイツが23.6%、米国17.9%、スペイン16.1%に対して、日本はわずか1.5%です（2007年）。現在、日本でとられている自然エネルギー発電促進策だけでは不十分なことは、否定のしようがありません。

電力の部分自由化以降、すでに産業用で2割、家庭用で1割、2005年度までに電力平均単価は18%低下しました。しかし原発の稼働率が下がり、石炭の高騰傾向が続いている昨今では、逆に値上がり傾向にあります。

今後の電力自由化は、安さの追求一辺倒ではなく、環境保全も考慮して進めるべきでしょう。すなわち、小売完全自由化の目標は、安い化石燃料に頼る新規参入者（PPS；特定規模電気事業者）を増やすことによる電気料金の値下げ競争だけではないはずです。小口需要家である一般家庭も、電力取引に参加できるようにして、自然エネルギー発電の普及につなげる仕組みを検討すべきでしょう。温室効果ガスの排出削減という、環境保全を考慮したうえでの消費者の選択肢の拡大も重要でしょう。

2007年7月11日、電気事業分科会・制度改革WG（ワーキング・グループ）作業部会は、「家庭向けを含む電力小売りの全面自由化は、現時点での実施は望ましくない」との見解をまとめ、完全自由化は先送りされました。これに対し、送電網のつながっているヨーロッパでは自由化が進んでいます。2003

年6月26日に成立した「改正EU指令」で、2007年7月1日から家庭用を含めた全面的な自由化が実施され、送電部門の法的分離（別会社化）が求められました。そして、法的分離は、旧加盟国15か国ですでに実施されています。各家庭は、電力会社を選ぶことができます。

しかし、各国の送電線が網目状につながり、補い合うEUに比べて、島国である日本の送電網は脆弱です。2008年5月13日、民営化した電力卸大手Jパワーの株を20％まで買い増す英系ファンドの計画に対し、「電力会社は原発や送電線を持ち、電力の安定供給、我が国の秩序維持に欠かせない」という理由で、政府は中止命令（「外為法」27条による）を出しました。これと同じ理由で、つまり自然エネルギー発電の促進が原子力発電にマイナスに作用しては困るという理由で、電力会社は自然エネルギー発電を抑えようとしています。

2007年3月30日公布の経産省告示でも、「新エネルギー等による発電は出力が不規則に推移するとともに、発電所建設適地は送電系統が整備されていない遠隔地にある場合も少なくないことから、その大規模な導入を行うためには、これまでの対策を踏まえつつ、周波数変動抑制等の系統安定化や、既存系統の補強等を講ずることが必要となる」と、消極姿勢を示しています。これが、いわゆる、「電力の系統問題」です。日本の誇る電気の質の高さが、かえって自然エネルギー発電促進の妨げとなっているのです。

このように、自然エネルギー発電の促進が足踏み状態になっている閉塞状態を打ち破るためにも、私たち一般家庭でもグリーン電力を選択できるように、電力小売の完全自由化をしてもらいたいものです。グリーン電力100％でなくても、50％とか70％でもグリーン電力を使った電気を販売リストに載せることも可能でしょう。それにより、グリーン電力の販路も広がるはずです。

電気に色をつける

一般家庭が、グリーン電力を選択できる手段として、電力小売の完全自由化が望まれます。しかし、小口需要家である一般家庭のうち数パーセントが、グリーン電力に切り替えても大した効果は期待できません。

もっと効果的にするためには、大口需要家である企業が割高なグリーン電力を選択した場合、このグリーン購入分を排出量取引として売買したり、「省エネ法」の削減分としてカウントできるなどの「アメ」も用意するべきでしょう。グリーン電力が取り引きされ、価格面以外のメリットがあると、グリーン電力を選択する企業側も利用しやすくなります。

いったん自由化されると、電力は「需給関係」で価格が決まる「市場商品」になります。電気は、「貯蔵できない」「必ず実需が伴う」「瞬間的なマッチングが必要」「設備投資への長期のリードタイム（計画から完成までの時間）が必要」という特殊なものです。電気は、需要に対する価格弾力性（価格の変化率に対する需要の変化率）が低いので、自由化すれば価格が下がり、供給が安定するわけではありません。さらには、供給側の最終責任者がいないと、アメリカ・カリフォルニア州の電力危機（2001年1月）のように「連帯責任は無責任」状態になってしまいます。安定供給や環境対策の要素は、エネルギー市場では軽視できない要因です。

「国産エネルギーに乏しい、一国内で閉鎖した電力網となっている、山間僻地が多い」というのが日本の特徴です。かといって、過疎地や離島には電気を供給しないというわけにはいきません。全国津々浦々、どこでも利用できるというユニバーサル・サービスの必要性を考えると、分散型電源である燃料電池が普及するまでは、どこかが供給責任を負うような形での自由化が望ましいでしょう。

EUの自由化は、発電部門と送電部門の分離をめざしたものですが、日本の自由化も、EUの真似をすればうまくいく、というような単純な話ではないはずです。競争を重視しながらも、安い化石燃料による発電の増加を防ぐ必要があります。このような環境保全面を考慮すると、分散型エネルギーシステムを支える財政メカニズムが必要となります。現行制度では、環境面を考慮した枠組みが全くないので、電力の自由化は化石燃料推進策になってしまっています。

電気に色をつけてみましょう。そして、赤い「化石燃料電気」より、グリーンの「自然エネルギー電気」の方を利用しやすくすべきでしょう。そのためには、赤い色の電気には化石燃料分の価格を高くし、グリーンの電気が競争しやすくなる土壌を作りたいものです。

自然エネルギー普及策

EUは、2020年までに再生可能エネルギーの割合を20%に高めることを打ち出しています。その中で、各国の電源構成はそれぞれ異なります。促進策も一様ではありません。これらのうちでユニークなのは、スウェーデンの「RPS制度」です。再生可能エネルギーの導入目標量を国が決定するのがRPS制度ですが、スウェーデンでは、消費電力量の一定割合（2010年で16.9%）を再生可能エネルギーにしています。電力自由化によって、消費者に電力選択権が与えられたので、消費者が炭素税によって相対的に安くなった再生可能エネルギーを自由に購入できる仕組みとして、消費者を義務付け対象者とするRPS制度が導入されたというわけです。

日本の「新エネ利用特措法」（RPS法）2条に規定する新エネルギー等は、①風力、②太陽光、③地熱、④政令で定める水力、⑤バイオマス（動植物に由来する有機物であってエネルギー源として利用できるもの）、⑥その他、石油を熱源とする熱以外のエネルギーで政令で定めるもの、の6種類です。

この⑥の中に、ゴミ発電を含めるかどうかで、随分、議論がありました。新エネルギーは概して発電コストが高いのですが、廃プラ発電も大型焼却炉の廃熱を利用するゴミ発電も、化石燃料よりコストが安いのです。

「容器包装リサイクル法」の施行によって、容器包装のリサイクルコストの一部は企業が負担することになりました。実際には、各メーカーは財団法人日本容器包装リサイクル協会に回収委託料を支払うことによって費用を負担します。この再資源化費用は、商品の価格に組み込まれ、結果的に消費者に転嫁されます。

しかし、自治体を通じて回収された廃プラスチック（廃プラ）のうち、高炉還元剤・コークス炉原料として利用されている量もかなりあります。石油製品である廃プラスチックは、燃焼すると高カロリーを発生するからです。このように、分別収集されたプラスチック容器の多くは、製品としてリサイクル（マテリアルリサイクル）されるのではなく、燃料として利用（サーマルリサイクル）されているのです。廃プラを使った発電を新エネルギーに含めると、他の割高な自然エネルギー発電を駆逐してしまうおそれがあります。結局、経済産業省令で廃プラ発電は除外されました。

サーマルリサイクルは、マテリアルリサイクルを行うためのエネルギー源として「燃えるゴミ」を利用するところに、そのニーズがあります。ところが、中低温で燃やすとダイオキシンが発生してしまうので、従来の炉に替えて、高温で処理するガス化溶融炉や大型焼却炉が建設されました。これらの炉は、高温を維持するために雑多なゴミを必要とします。すると、分別収集不要という事態になりかねません。「循環型社会形成推進基本法」の目的に反してしまいます。

廃プラ発電は、石炭の代わりに廃プラを燃料として利用します。石炭を蒸し焼きにするとコークスができますが、廃プラも同じようにコークス炉に投入して利用できます。燃料である廃プラがあって初めて、サーマルリサイクルができます。したがって、サーマルリサイクルを推進すると、ゴミがないと対応できないということになってしまいます。

循環型社会形成推進基本法7条は、資源の循環的な利用・処分に関し、まず、再使用（リユース）、続いて再生利用（マテリアルリサイクル）、熱回収（サーマルリサークル）という優先順位を示しています。第7条に示された基本原則にしたがって、ゴミの発生を抑制するためには、リユースできるように素材を変える必要があります。マテリアルリサイクルばかり推進しても、エネルギー投入量という面ではあまり節約にならないからです。ところが、廃家電製品にしても（「家電リサイクル法」）、廃自動車にしても（「自動車リサイクル法」）、実際は10年前に作られた、リサイクル対応設計がなされていない製品が解体処理されることになりますので、分解が難しい、素材がリサイクルしにくいという、時間差（タイムラグ）による問題が生じてきます。サーマルリサイクルはあくまで、このタイムラグを補うための過渡期的な方法にすべきでしょう。

さらに、6種類の新エネルギーのコストは、それぞれ大幅に異なります。これらを新エネルギー等と一括りにしてしまい、年度ごとの目標量を掲げるRPS法は、自然エネルギー発電の十分な促進政策となっていません。

例えば、風力発電は伸び悩んでいます。電力会社の中には、「解列条件付き入札」の募集を始め、風力発電事業者に不利な条件を提示してきているところもあります（2006年に北海道電力、東北電力、九州電力。2008年に四国電力）。解列条件付き入札とは、電力需要が低下する休日や夜間など需給バランス維持に対応する調整力が不足すると見込まれる時間帯に、電力会社の解列指令に従って風力発電機を解列（電力の購入を中止）する条件付きの入札のことです。入札だけでもリスクが高く買手市場になっており、事業化が難しくなっているのに、解列条件が付けられると、一層、風力発電事業に参入しづらくなります。

国内風車メーカーは、国内市場が小さく、入札や抽選による事業者選びとなっていることを嫌い、海外に市場を求めています。一方で、欧州製風車は、かなり価格が高いうえに、日本の乱流に対応した設計になっていません。さらには、耐震強度偽装事件の影響で「建築基準法」が改正（2007年）され、風車も高さ60メートルを超える超高層ビルと同じ耐震審査が課せられるようになりました。これらの原因で、風力発電の普及にはほど遠い状況です。

国際的な環境税

たかが環境税、されど環境税

地球温暖化問題は、南北問題をめぐる国際政治から、技術革新をめぐるグローバルな競争まで、さまざまな論点が絡み合った複合的な問題です。2013年以降の温暖化防止の枠組みは、2009年12月にデンマークで開催される「COP15」（気候変動枠組条約第15回締約国会議）までに決まる予定になっていますが、この会議は、先進国と中国、インド、ブラジルなどの新興国との間で、「共通だが差異のある責任」をめぐって、国益のぶつかりあいの場になっています。2008年12月にポーランド・ポツナニで開催された「COP14」でも、目立った成果は何もありませんでした。

地球規模の温暖化問題は、遠い世界の出来事ではなく、全て私たちの日常生活の場面に関係してきます。個人の立場で、「環境にやさしい生活」のためにできることの限界を考えるときに思い浮かべるのは、「たかが環境税、されど環境税」ということです。人は税金のことだけを考えて日常生活を送っているわけではありませんが、税金が人の経済行動を左右する要因の一つであることは確かです。「たかが税金、されど税金」です。

「環境を守るためには、個人の意識を変える必要がある」とよく言われます。しかし、人の日常の行動は、無意識でやっていることが大部分です。そして、どんなに環境教育を進めても、全ての人が環境にやさしい行動をとるようになることはありえません。人の価値観はさまざまで、「性善説」で解決できるような単純な問題ではありません。

国内レベルでの環境税は、地球温暖化問題を解消するための一つの手段に過ぎません。ところが、このままでは京都議定書の公約を守れそうにない状況に陥っているので、「環境税か、国内排出量取引を導入すれば、公約は守れる」と、経済的手法の導入自体を目的化してしまうのは考えものです。

「21世紀は環境の世紀」といわれています。日本でも、江戸時代は循環型社会が営まれていました。江戸時代どころか、半世紀前でも十分、循環型社会でした。しかし、この半世紀の高度経済成長の時代に、「使い捨て文化」がすっかり蔓延してしまいました。便利な暮らしに慣れてしまった現代人にとって、効率性を犠牲にして、ゆったりのんびりとスローライフを楽しむ「時間長者」になることは難しそうです。

そして、人間のせわしない活動によって温暖化が起こっていることは、世界の専門家の間でほぼ合意が成立しています。2007年にノーベル平和賞を受賞したIPCC（気候変動に関する政府間パネル）の「第4次評価報告書」(2007年）が示す通りです。第4次評価報告書では、温暖化が起こっていることは「疑う余地がない」とし、現在起こっている温暖化は「人為起源の温室効果ガスの増加によってもたらされた可能性がかなり高い」としています。CO_2排出量を大幅に削減するために、これからは、理論を政策へ、政策を実践へと移していくことが大事でしょう。

「Act locally」（地域から変える）をモットーに、地道に活動することは大切なことです。一つひとつの活動の積み重ねが、地域を変えていきます。それでも、全ての人のライフスタイルを変えることはできません。環境を経済の中に取り込み、環境配慮型の商品や産業が繁盛するという形で、環境がビジネスになるように、お金の流れを変えていくことが大事です。

「誰にでもできる環境にやさしい生活」を実践するには、知らず知らずのうちに環境にいい選択をしていることが大事です。そういう意味で、経済的手法である「環境税」は、効果的でしょう。人生の選択にあたって、「価格」は大きな要素になるからです。

さて、現実的には、どのような環境税が導入可能でしょうか。高率での導入は、政治的に困難です。低率での導入か、既存のエネルギー関連税を炭素税に変えていく選択肢ならば、実現可能性が高いと思われます。

国内環境税の限界

いくら日本やEUだけが、厳格にCO_2削減を実行して排出量を減らしたとしても、中国やアメリカのCO_2排出量増加分が、これらの削減量を上回ってしまってはどうしようもありません。アメリカの京都議定書からの離脱は言語道断ですが、オバマ新政権になるとさすがに温暖化を無視した政策を続けることはできなくなるでしょう。現にオバマ新大統領は、温暖化対策を重視しています。CO_2削減の話し合いのテーブルにつくことも明言しています。問題なのは、このような温暖化をもたらした元凶は、先進国だということです。削減義務を負わない新興国や途上国は、これからまだまだ「石油を使った豊かな生活」を謳歌したい。だから、2013年以降も削減義務は負いたくない、と責任を押しつけあっています。しかし、今後の気温上昇を2℃以内に抑えるためには、途上国もCO_2排出量を削減する必要があります。

地球温暖化問題は、ボーダーレスです。地球の大気圏はつながっているので、環境税は本来的には、「国際共通税」として導入するのが望ましいのです。環境税が国際的に導入されると、環境税はエネルギー価格を制度的に上昇させ、関連企業の生産費を引き上げます。「カーボンリーケージ」（炭素漏えい）といわれる、国際競争上の不公平への心配も不要です。環境税を採用した国だけで国際競争力が弱まるという懸念は、生じないことになります。「COP14」ポツナニ会議（2008年12月）の場で、スイスの代表団は「国際的な炭素税を導入して、途上国の削減や被害軽減の費用に使う」ことを提案しました。途上国で、すでに起こっている、温暖化の影響に適応するための資金調達が具体化されず、途上国側から強い失望と不満が表明されているからです。

しかし実際には、税制は各国が別々に決めることになっているので、環境税の導入についての国際協調は難しいでしょう。結局、一部の先進国だけで環境税を導入するしかありません。結果、先進国から途上国へのカーボンリーケージを増大させることになります。すると、環境税を導入していない国々でのエネルギー消費量が増え、環境税導入国での排出量抑制が帳消しになってしまうおそれがあります。

各国ごとに導入される環境税は、消費税やガソリン税などと同じ間接税です。間接税には、「仕向地原則（しむけち）」がとられています。仕向地原則とは、消費税を課税するときは、その消費がされる国に課税権があるという原則です。ですから、輸入品には消費税が課税され、輸出品には免税や税金の還付が行われます。ヨーロッパやアメリカへ海外旅行に行ってブランド品を買った時に、お店で消費税分還付の書類を書いてもらって、空港で還付の手続きをされたことはないでしょうか。ヨーロッパの付加価値税（消費税）やアメリカの売上税は、輸出品に対しては免税となります。

環境税も同様です。国際競争力を考慮して、輸入品に対して環境税を課税し、輸出品に対して環境税を免除する「国境税調整」によって環境税分を相殺する考えがあります。これは、環境税によって生産費が増え、国際市場で不利になる輸出関連企業の立場を守ることが目的です。逆にいうと、環境税の課されない国からの輸入品を、国内品と同じ条件に置くことを意味しています。

しかし、化石燃料に課税されている炭素税を、製品段階で調整することが技術的に可能でしょうか。例えば、輸出用自動車を考えてください。炭素税が課税されると、その分、製品価格は高くなっているはずですが、自動車一台に炭素税がいくら含まれているかを判断することは難しいでしょう。炭素税は、税額移転が確実ではありません。輸出にかかる税額の調整は困難です。輸出入に際して、1トン当たり炭素含有量をいちいち申告するのは面倒です。

そこでドイツや北欧では、エネルギー集約産業や大口需要家に対して税の減免措置を適用しています。イギリスでは、政府と協定を締結したエネルギー集約産業に対して最大80%の減税を行っています。

また、簡易な炭素税早見表をつくって、機械製品の「みなし炭素税額」を還付するという方法もあります。ただ、このような炭素税の減免措置では、水平的公平性がキープできません。企業が排出する炭素と、家庭で排出する炭素の扱い方に、差が生じることになってしまうからです。

経済のグローバル化と環境税

2001年、ノーベル経済学賞を受賞したアメリカの経済学者ジョセフ・スティグリッツは、「世界共通の排出税の導入」を提言しています（『世界に格差をバラ撒いたグローバリズムを正す』徳間書店）。温室効果ガスの排出が無制限に行われることによって生ずる地球温暖化問題という「共有地（コモンズ）の悲劇」は、「負の外部性」（「外部不経済」）が原因です。負の外部性（CO_2排出量増加による温暖化が、地球環境に対し不利に働く外部性）を積極的に内部化する手段が、排出量取引や環境税という方法です。市場は、負の外部性を生じるものを過剰に生産しています。政府の介入がなければ、共有地の悲劇は解消できません。

温室効果ガスを排出するどんな活動にも、必ず社会的コストが発生しますが、その活動に従事した人間は、そのコストを払っていません。ゆえに、過剰に温室効果ガスを排出しているというわけです。人々の行為によって生じる社会的コストの全額を本人たちに支払わせれば、単純な解決法になりえます。

そして、それを実施するため、世界の国々に炭素排出に対する共通税（排出の外部性に課税する）を課すか、あるいは同様のやり方として、石油・石炭・ガスを燃やしたときの排出量を反映させた税率で課税する方法がある、とスティグリッツは述べています。そして税金は、京都議定書の共通目標への取り組みで予測した数値と同等の世界的削減を達成できる高さに設定すべき、と提言しています。

宇沢弘文・東京大学名誉教授も、1990年10月「地球温暖化に関するローマ会議」の基調報告で、「比例的炭素税」と「大気安定化国際基金」の構想を提案しています。大気中のCO_2排出に対して課する炭素税を、その国の一人当たりの国民所得に比例させる制度です。

このように、本来は国際共通税として導入すべき炭素税を、日本だけで導入した場合、グローバル化の中で問題はないでしょうか。

税金の世界でも、ボーダーレス化が進んでいます。伝統的な税の役割の一つに「所得の再分配機能」があります。所得税は、所得が増えるにしたがって税率が高くなる、いわゆる「累進税率」になっています。所得がたくさんある人は、よりたくさん税金を負担してもらいます。というのは、収入の多い人は、税金を支払った後の所得でも十分生活できるからです。これが、「所得の再分配機能」です。

しかし、経済がグローバル化すると、お金はすぐ国境を越えます。資本の移動性が高まると、所得の再分配機能は低下します。お金持ちは、高率の税金を嫌って、税金の安いところに移ってしまうからです。したがって、法人税率や累進所得税を緩和し、消費税重視へと移行せざるをえない側面があります。

スウェーデンでは、1991年1月、「炭素税」を導入しました(25オーレ〔約3.7円〕/kg)。その後、数回にわたって税率が上げられ、2005年には91オーレ(約13円)/kgになりましたが、製造業、コージェネ工場、農業、漁業に対する税率は低く設定されています。エネルギー消費型産業に対しては、さらに税率が低くなっています。

この1991年の炭素税の導入時に、抜本的な税制改革が行われ、「二元的所得税」(Dual Income Tax)が導入されました。二元的所得税とは、所得を資本所得(金融所得など)とそれ以外の労働所得に分け、労働所得には累進税を、資本所得には労働所得の最低税率と同じ低い税を課すものです。金融資産を持っている人は、お金持ちです。お金持ちゆえに保有しているだろう資本所得に対して低い税率にするということは、公平性を犠牲にして効率性を重視する、という課税方法への転換になります。

北欧は環境先進国ですが、高福祉高負担国家といわれるように、累進所得税も付加価値税(消費税)も限界に近いくらい高くなっています。この高負担を嫌って、資本が国際移動するのを防ぐために、二元的所得税を取り入れ、消費税の対象を広げました。その上で、消費税率を引き上げました。このような税制改革の一環として導入された炭素税には、環境対策への誘導政策と同時に、新たな財源という側面もあるのです。この抜本的税制改革が、温室効果ガスを削減しつつ、経済成長を維持しつつあるスウェーデンの成果につながっているのでしょう（87ページ参照）。

1999年1月、イギリスなどを除いてEU諸国のうち11か国の通貨は、「ユーロ」に統合されました。現在は、15か国で通貨を統合しています。

EUの税制も、同様に統合されるのでしょうか？　かつて欧州委員会は、「欧州共通環境税」を導入しようとしたのですが、全会一致という制約のために、最終的には挫折しました。その代わりに、2005年から始まったのが、EU域内の「CO_2排出取引市場」（EU-ETS）です。大規模排出施設を対象に、「キャップ&トレード方式」（政府が、温室効果ガスの総排出量を定め、それを個々の主体に配分し、個々の主体間の排出枠の一部の移転〔または獲得〕を認める制度）による「CO_2排出量取引」を開始しました。2006年には、その取引は約11億トン、244億ドルになっています。EU排出取引市場は、加盟国25ヵ国が参加し、2008年から第2フェーズ（段階）に移行し、本格実施されています。対象となる温室効果ガスも6ガスに拡大し、排出量の上限を達成できなかった施設に対しては、施設名を公表し、超過分の罰金を支払わせることになっています。制度の適用は、CO_2排出量の45%、温室効果ガスでも30%をカバーし、EUの温暖化対策の中心的なものになっています。

それと同時に、「炭素税」もうまく活用しています。1990年代に導入した北欧４か国やオランダのほか、イギリス、ドイツ、フランス、スイスなども炭素税を導入しています。2003年10月には、「エネルギー製品と電力に対する課税に関する枠組みEC指令」が公布され、各国はエネルギー製品及び電力に対して最低税率を上回る税率を設定することになりました。CO_2削減のためには、両者をうまく使っていくのが効果的なのかもしれません。

国際的な環境税のあり方を考えていくことは、租税政策と環境政策の国際的な統合という問題をどうとらえるかということにつながります。域内統合をめざすEUでは、決して不可能なことではないでしょう。「EU指令」による付加価値税率が15〜25％の範囲内になっているように、EU諸国の炭素税やエネルギー税についても税率などが統一され、同じ税制へと収斂されていくのかもしれません。

しかし、日本は「資源に乏しい島国」という特徴を持ちます。また、日本周辺のアジア諸国には、日本と国際協調をしてくれそうな国がありません。ここが難しいところで、カーボンリーケージの影響を受けるエネルギー集約部門企業の国際競争力に配慮しつつ、炭素税のあり方を工夫することが必要になります。

欧米の税金に対する考え方の違いと付加価値税の仕組み

京都議定書から離脱したアメリカは、これまで市場中心主義、科学技術至上主義をとっていました。そして、炭素税に対しては消極的でした。しかしアメリカは、すでに酸性雨対策として硫黄酸化物の排出量取引を導入しています。そして温暖化対策としても、市場メカニズムを利用できるCO_2排出量取引に熱心です。ニューヨークなどの北東10州では、発電所についての排出量取引制度が導入される予定（2009年開始）です。カリフォルニアなど西部7州も、カナダ2州とともに独自の排出量取引を計画しています。オバマ大統領も、連邦レベルでの排出量取引（EU型のキャップ＆トレード方式）を導入する意向のようです。

税制についても、アメリカとEUは両極端です。EU諸国では、税率の高い「付加価値税」を中心とした「間接税中心主義」を採っているのに対し、アメリカ連邦税は「所得税」や「法人税」といった「直接税中心主義」を採っています。「小売売上税」は、州ごとに採用されているだけです。

「炭素税」は、付加価値税と共通した構造を持っています。逆にいうと、付加価値税制でしか本来的な意味での炭素税は導入できません。日本の「消費税」も、付加価値税の仕組みになっていますが、EU諸国のような「インボイス方式」ではなく、「帳簿方式」という日本独特の方法をとっています。インボイス方式というのは、事業者間の取り引きを、消費税額を記載したインボイス（送り状）でやり取りをする方法です。負担した消費税額分を、確実に次の事業者に転嫁できる仕組みです。

このように付加価値税というのは、最後に買った人（最終消費者）へと次々と税負担を転嫁する仕組みです。エネルギー多消費産業への減免措置を売買プロセスに織り込もうとすると、付加価値税の仕組みの上に構築しなければならないのです。

間接税には逆進性があります。個人所得税は超過累進税で、所得金額が高くなるほど高い税率が適用されますが、消費税は比例税率（均一税率）なので、低所得者層の方が税負担が重くなるのです。この逆進性を解消する方法の一つが、「複数税率化」です。食料品などの生活必需品に対してはゼロ税率、軽減税率を適用する方法です。

環境税も間接税なので、逆進性の問題があります。例えば、農業や漁船に使われるのはA重油ですが、重油の不足や高騰は仕事に大いに影響を与えます。暖房用の灯油に高い炭素税が課税されると、日々の生活にさえ影響があるかもしれません。

さらに国際競争力を考えると、ドイツの環境税のように軽減措置が必要になります。ドイツでは、企業の重い負担となっている社会保険料の軽減と合わせて税収中立にしました。日本の場合、社会保障費の財源として使うことは可能でしょうが、社会保障制度自体が少子高齢化によって危うくなっているのですから、社会保険料の軽減は難しそうです。導入可能な炭素税の姿を考えると、いきなり世界共通の排出税というのはハードルが高そうです。国内で炭素税を導入するとしても、国境税調整をすることは難しいでしょう。

国境税調整ができない場合の国際競争力への影響を避けるためには、税の減免措置が必要になります。そのためには、消費税を現行の帳簿方式からインボイス方式へ変えることが前提となります。価格の中に含まれる税額が明らかにならない限り、減税や免税はできません。EU諸国のような税収の中立化や、所得税や社会保険料の軽減も難しそうです。

このように現実的なアプローチをしていくと、結局のところ、既存のガソリン税や石油石炭税、電源開発促進税を炭素税へと改編していく方法が最も実現可能性が高そうです。したがって、日本の場合、包括的な税制改革の一環というより、エネルギー関連諸税をめぐる各省庁の“特定財源の壁”を壊す方に、むしろ重きが置かれるべきでしょう。

炭素税いろいろ

イギリスの気候変動税と排出量取引

イギリスでは、ガソリン、ディーゼル、灯油、重油などに対しては、「炭化水素油税」（Hydrocarbon oil duty）が課税されていました。1993年から1999年まで毎年税率を引き上げ、2001年4月には「気候変動税」（Climate change levy）を導入し、事業向けの電気、石炭、ガス等のエネルギー供給に課税対象を拡大しました。これらの税収は、2006年で5兆円を超えています。**表3**に示すように、税率は日本の倍以上です。

この導入に関し、英大蔵大臣がマーシャル卿に依頼して検討した「マーシャル卿レポート」（1998年11月）は、「全ての者がエネルギーに関する税金を支払うべきである」と報告しています。しかし、産業部門の排出量の約60%を占めるエネルギー集約産業への特別措置を考慮する必要性も、指摘されています。

これを受けて実際に導入された「気候変動税」は、法的拘束力のある「気候変動協定」を政府と締結した業界団体に対して、80%の軽減措置をしています。自主協定と経済的手法との政策の組み合わせ（ポリシー・ミックス）です。

イギリスの気候変動協定は、政府と50以上の産業セクターご

表3　温暖化対策関連税制の導入
（出典：「環境元年第3部　政策ウォーズ⑤」）（朝日新聞2008・5・22）

国　　名		ノルウェー	デンマーク	オランダ	イギリス	ドイツ	スイス	日本
主な税目		炭素税など	炭素税など	エネルギー税など	気候変動税など	エネルギー税など	温暖化対策税など	揮発油税など
導入時期		91年	92年	96年	01年	99年	08年	09年？
主な税率（円）	ガソリン（1リットル）	101.44	172.18	111.88	109.78	107.27	74.47	53.8
	石炭（1トン）	10,205	36,423.9	2,045.4	2,656.49	1,292.46	なし	700
	電力（1キロワット時）	2.14	13.11	11.66	0.98	3.34	なし	0.375
税収（億円）		2,755（07年推計）	3,146（06年）	4,708（04年）	5兆4,730（06年など）	7兆5,237（06年など）	不明	3兆7,313（06年）
主な使途		一般財源	一般財源	一般財源	一般財源	一般財源	一般財源	一般財源？

海外分は環境省調べ。税率は07年調べ。日本の税収は、揮発油税と石油石炭税、電源開発促進税を合わせた

とに結ばれ、6,000企業が参加しています。削減目標が高く、削減効果の高い協定です。2006年までに、20の部門で、生産を増大させながらCO_2排出量を減らした実績があります。

気候変動税の80%減税という優遇措置が実施されるのは、鉄鋼などエネルギー集約部門の協定参加企業です。日本経団連の「環境自主行動計画」と違い、順守しなければ減税措置の取り消しなど厳しいペナルティーがあります。そこで目標達成できない企業は、CO_2排出量を買って差を埋めることになります。

この気候変動税は、税収そのものではなく、気候変動を防ぐことを究極の目標としています。税収はすべて、社会保険料の雇用者負担分の引き下げと、エネルギー効率性改善投資に対する補助金として企業に還付されます。再生可能エネルギーには、気候変動税は課されません。「気候変動税減免証書」が発行された電気の供給を受けた需要家にも、気候変動税が免除されます。

このように、政府と協定を締結した産業部門が、気候変動税の80%の軽減措置を受けられるのは、インボイス方式による付加価値税システムのおかげです。気候変動税を上流（輸入段階、製造段階）で課税し、下流（販売段階）で還付できるのは、上流でかけた税額がインボイス制度で下流に伝達されることによって、税の流れを追うことができるからです。

一方でイギリスは、CO_2排出量取引にも熱心です。2002年には国内で排出量取引を導入し、2005年からはEU排出取引市場（EU-ETS）に統合しています。

2005年7月の主要国首脳会議を受けて、イギリス政府がニコラス・スターン元世界銀行上級副総裁に作成を依頼した、気候変動問題の経済影響に関する報告書「スターン・レビュー」（2006年10月公表）が話題を呼びました。気候変動問題について、断固とした対応策を早期にとることによるメリットは、対応しなかった場合の経済的費用をはるかに上回ること。具体的には、対策を講じなかった場合のリスクと費用の総額は、現在及び将来の世界の年間GDPの5%強に達すること。より広範囲のリスクや影響を考慮に入れれば、損失額は少なくともGDPの20%に達する可能性があること。これに対し、温室効果ガスの排出量を削減するなど対策を講じた場合の費用は、世界の年間GDPの1%程度で済む可能性あることが、この報告書の中で示されました。

このようなレビューを作成することによって、イギリスはビジネスとして排出市場をリードしようという意図があるようです。2008年5月に世界銀行から公表されたレポートによると、2007年に世界で取り引きされた排出量は30億トン、うちEU-ETSの取り引きが21億トンを占めています。残りの大部分は、途上国で削減事業を行うクリーン開発メカニズム（CDM）です。

このCDMプロジェクトのうち、イギリスの購入量は群を抜いて大きく、約6割を占めています。イギリスは、議定書目標達成の進捗からみて、国内ではこれほどの排出量のクレジット（排出枠）を必要としないはずです。良くも悪くも金融部門が中心となって、ビジネスとして買い取りを進めているようです。

ドイツのエコ税と憲法裁判所

ドイツの「環境税」(電気税、石油税）は、1999年社民党と緑の党が提出した「環境関連税制の開始に関する法律」による環境税制改正として、温暖化対策と雇用対策の「二重の配当」を目的として導入されたものです。

ドイツでは、既存のエネルギー税である「石油税（鉱油税)」（Mineral oil tax）に税率を上乗せし、同時に課税対象となっていなかった「電気税」（Electricity tax）を新設するという環境税制改革を行っています。ただし、ドイツは国内炭があるため、石炭には課税されていないという欠点もあります。しかし、ドイツ国内の石炭使用料の75%は電力、20%はエネルギー集約型産業、5%以下が家庭暖房用となっています。電力用の石炭には電気税が課税されており、またエネルギー集約型産業は軽減措置（60%〔当初は80%〕）があるため、それほど問題にはなりませんでしたが、その後2006年に、鉱油税を「エネルギー税」に改組し、石炭を追加しました。

ドイツで「エコ（環境）税制」を導入したのは、温室効果ガスのもたらす外部コストを内部化するためです。イギリスの気候変動税と同様に、税収目的ではないということです。したがって、税収の9割は年金保険料の負担軽減に充てられています。残りの1割は、交通の改善、コージェネ（電気・熱併給システム）など環境対策に使用し、連邦政府収入に加えられています。

つまり、年金保険料率を引き下げた分、環境税の税収を増やすことによって埋め合わせをしています。この社会保険料の雇用者負担軽減に伴って、2003年までに25万人の新規雇用がありました。これら環境税による税収は、2006年で7兆5,000億円を超えています（表3参照）。

ドイツ環境税のもう一つの特徴は、競争力への配慮、社会生活上の配慮、環境政策上の配慮から、①製造業、農林漁業事業者に対しては60%に引き下げ、②再生可能エネルギー発電への電気税の免除、③税負担額が社会保険軽減額分の1.2倍を上回る場合、上回った部分の95%の免除、④コージェネ施設、トローリーバス・鉄道への軽減、といった優遇措置が行われていることです。このような軽減・減免措置があるため、環境税の実際の税率は、名目税率よりかなり低くなります。

ドイツの環境税が、税収中立（同規模の増税と減税を組み合わせること）をとったのは、ドイツ最大の環境NGOの環境・自然保護協会（BUND）が税収中立を主張し、税収が社会保険料に使われると利益になることから、一部企業や労組が同調したためという背景があります。当時ドイツでは失業率が高く、雇用の減少は大きな社会問題になっていました。さらに、失業保険による保護はかなり手厚いので、企業の社会保険料負担が重荷だったという現実がありました。したがって、これらの税制改革は「環境問題と失業問題の同時解決」をめざしたものといえます。

同じ電気や石油を使っても、サービス企業が受ける電気税法上の軽減措置は、製造業に比べて少なくなっています。これは、「基本法」（ドイツの憲法）に違反するとして、業務用冷蔵庫業を営む2社が、連邦憲法裁判所に訴えた事例があります。

同様に、欧州全域で各種運送業を営む5社も、「石油税法」に関して基本法に違反するとして提訴しました。

これらの訴訟について、2004年4月20日に判決が言い渡されました。「環境税制改革の枠内における電気税の導入、石油税（鉱油税）の引き上げは、消費者（電気・石油の消費者である業者）の有する職業の自由の基本権に抵触しない。環境税は、基本法3条1項（一般平等条項）違反にあたらない。電気税法や石油税（鉱油税）法による課税優遇措置において、製造業とサービス企業を区別していることは基本法3条1項に違反するものではない」という判決でした。暖房利用のための優遇は認められますが、自動車燃料としての負担に対する優遇は、もともと予定していなかったとされました。これら二つの石油利用方法は、比較できない別々の課税対象であるということです。

日本でも、「租税法に関しては立法府の裁量が認められるので、憲法14条（平等原則）違反にはならない」とした最高裁大法廷判決（1985〔昭和60〕年3月27日）があります。「その立法目的が正当なものであり、かつ当該立法において採用された区別の態様が、右目的との関連で著しく不合理であることが明らかでない限り、その合理性を否定することはできない」と判示しました。この判決を踏襲して、日本では「租税法」について裁判所で違憲判決が出ることはまずありません。ゆるやかな「合憲性判断の基準」が認められています。つまり、国会で制定された租税法は、基本的に合憲であると考えられているわけです。

ドイツでの判断も同様です。もともと環境税は、税収が目的ではありません。エネルギーシステムを持続可能なものへと変えていくため、行財政改革の中に環境保全の視点を取り入れる必要から、「グリーン税制改革」が唱えられているのです。そして、その決定は立法府の裁量に委ねられています。

フランスの汚染事業総合税・違憲判決と電力部門の化石燃料ゼロ作戦

フランスでも2000年1月に、京都議定書の温室効果ガス排出削減目標の達成に向けた温室効果ガス対策計画が採択されました。この計画の中で、「汚染事業総合税」(TGAP)をエネルギー消費に拡大することが提案されました。課税対象は、重油、石炭、天然ガス、電力などです。エネルギー集約産業に対しては、免税措置が予定されていました。

この政府提案は、フランス議会を通過したのですが、憲法院で政府提案と憲法との整合性についてチェックした結果、「違憲である」との判断がされました。政府提案は棄却され、その後、温暖化対策税の議論は進展しませんでした。

ただ2000年12月の憲法院による違憲判決は、「汚染事業総合税は、課税対象を化石燃料に拡大することを規定しているが、これは税の公平性の原則に反する」と、政府提案の制度設計上に問題があるとしています。温暖化対策税の考え方そのものが違憲とされたのではありません。

フランスは、日本同様、石油、天然ガスといったエネルギー資源に乏しい国です。その電源構成は、**図8**に示すように80%近くが原子力発電です。水力発電を合わせると、CO_2を出

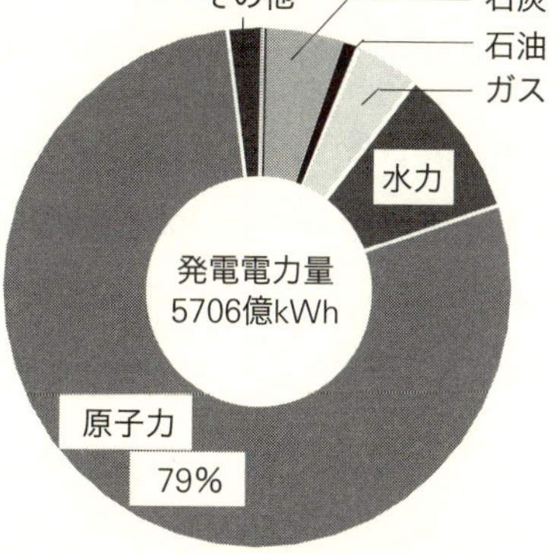

図8　フランスの電源構成（2005年）
（出典：「エネルギー白書」2008）

さない電源が9割を占めています。このようなフランスの電源構成を見ると、電力消費を抑制しても、CO_2の削減にはほとんど貢献することになりません。

また、この政府提案の法律に規定されている税の算出方法では、ある会社のエネルギー消費量が別の会社より少ない場合でも、多くの税金を払うことがありうる仕組みになっていました。これらの点から、税の原理と最終形態との間に明らかな不適切性があり、税の公平性に反する、と憲法院は判断を下したわけです。

フランスの温室効果ガス削減義務は、90年比0%、つまり90年と同じ量の排出が認められ、負担は軽めです。フランスのように、原子力発電を温暖化対策の切り札とすることに対しては賛否両論があります。しかし、世界中で原子力発電を全廃しつつ、2050年までにCO_2排出を50%削減するということも非現実的なプランでしょう。フランスのような原子力推進も、選択肢の一つであることは間違いありません。

最近はフランスも、温暖化対策に本腰を入れてきました。パリ市内1,451か所にレンタル自転車スタンド「ヴェリブ」(Velib) を導入しました (2007年7月15日)。2万台を超えるおしゃれなレンタル自転車が、市民や観光客に利用されています (レンタル料は1日1ユーロ、30分以内の利用は無料)。

一方で、2007年9月に開催された、関係者を結集した環境会議「環境グルネル」においてサルコジ大統領は、原子力発電は不可欠と強調しました。

原子力発電8割というのは、ずば抜けて高い比率です。原子力立国を進める日本ですら、原子力の目標比率は2014年で40%程度です。日本と違って、原子力発電の出力調整運転をしていることが主な原因でしょう。

出力調整運転は、旧ソ連のチェルノブイリ原発での放射能漏れ事故の原因となったものです。原子炉の出力を落として運転をすると、不安定な状態になります。日本では、1987年と1988年に商業炉で行われた実験に対して、大きな反対運動が起こったこともあって、それ以来実施されていません。

またこの会議でサルコジ大統領は、EUのエネルギー政策を踏まえ、フランスも再生可能エネルギーを開発する方針を示しました。「2020年のEU目標である20% (フランスは2006年で6.6%) 以上の再生可能エネルギー開発を達成するため、オイルショック時に原子力発電を立ち上げたのと同様、野心的な開発計画を実施する」と発表しました。新築建築物には、再生可能エネルギー発電の設置義務が課されます。

2007年には、「石炭税」(Coal Tax) も導入しました。石油産品内国消費税 (ガソリン、軽油、重油等) が課税されない石炭も、新たに課税対象にしました。これらの「野心的な施策」が成功すると、フランスの電源構成において、化石燃料はゼロになることになります。

スウェーデンの成果—温室効果ガス削減と経済成長を両立させる

スウェーデンは、1990年から2006年にかけて、温室効果ガスを8.7％削減した一方で、44％もの経済成長を成し遂げています。

このような経済と環境の両立政策が成功した第一の要因は、「炭素税」（CO_2 Tax）の導入です。スウェーデンは、1991年に炭素税を導入しました。ノルウェーに続いて、2番目に導入した国です。よくいわれるように、北欧諸国の税制は高福祉高負担です。ご多聞にもれず、スウェーデンの「消費税」（付加価値税）の税率は25％と、EU諸国の中でも最高税率です。

しかし、1991年の炭素税の導入は、前述した「二元的所得税」の考えに基づく抜本的税制改革の一環としてなされたもので、このとき法人税や金融所得に対する税率は低く設定されました。要するに、税収中立の税制改革を行い、所得税や法人税の減税を行い、グローバルな競争が可能になるような改革を行ったのです。

これは「Green Tax Shift」という概念（好ましくない行動やサービスに対しては高い税金をかけ、経済成長に欠かせない法人税や所得税は下げる）に基づいて、課税のバランスをとったものです。この税制改正は、「包括的所得税」（課税所得は、担税力を増加させる全ての純資産の増加とする考え方）という伝統的な考え方を変える画期的なものといえます。所得の再分配機能よりも、グローバルな競争の中で国外に企業や金持ちが逃げていかないことを重視した「二元的所得税」の考えに基づく改正だからです。

日本のガソリン価格に含まれる税金もかなり高いのですが(消費税を含めると60円程度)、スウェーデンではもっと高く、「エネルギー税」と「炭素税」と「付加価値税」を合わせると1リットル当たりのガソリン価格230円のうち111円が税金ということになります。ガソリン（化石燃料）価格がこれだけ高いと、バイオ燃料の利用増加につながります。

このようにスウェーデンは、国際競争力への配慮をしています。国際競争力にさらされる産業界や農業などは、エネルギー税0％、炭素税21％の軽減税率です。国際競争力を配慮した税率になっていることは、GDP増加への後押しとなります。しかし、その分、個人へのしわ寄せがきます。個人としては、脱化石燃料によって自衛策を講じるしかありません。

スウェーデンのような寒い国では、暖房費もかなりの出費になるでしょう。再生可能エネルギーであるバイオマスチップを使った暖房などのコージェネは、炭素税がかからない分、低廉です。これらの利用推進によって、化石燃料の消費を減らしました。家庭での石油燃料の占める割合は、70年代のオイルショック時には80％だったのが、現在では10％にまで減少しています。

二番目の要因は、電力に関する政策です。スウェーデンは、世界で最初に原子力発電の段階的廃止を国民投票（1980年3月）

によって決めた国ですが、その国民投票から30年近くたった2009年2月、脱原子力の政策を転換してしまいました。それでも、再生可能エネルギーの推進に熱心な国で、太陽光発電、風力発電、水力発電、地熱発電、バイオ燃料で、エネルギー供給全体の40%を占めるに至っています。しかしながら、50%は原子力発電です。増加する電力の需要を賄うことができず、他国からの購入に頼っていました。

スウェーデンの電力市場は、100%自由化されています。消費者側に消費電力の一定割合（2010年で16.9%）を自然エネルギーとさせる「RPS法」を採用することによって、今後は、2020年までに、水力発電を含む再生可能エネルギーの割合を50%まで高めることを目標としています。フランスのような、原子力発電8割という電源構成は極端ですが、スウェーデンも、原子力発電を維持しつつ、化石燃料ゼロをめざすのかもしれません。

そして三番目の要因は、EU排出取引市場に参加していることです。現在、スウェーデンの温室効果ガス排出量の30%は、EU排出取引制度に組み込まれています。この制度では、排出枠が割り当てられますので（キャップ制）、排出量が十分でなければ不足分は購入しなければなりませんし、逆に余ったら売ることができます。

このように、スウェーデンで導入している政策手段は、着実に効果を上げつつあります。その結果として、温室効果ガス削減と経済成長を両立させています。

スウェーデンは、水力発電の占める割合も高く、森林の多いことを利用してバイオマス燃料による発電も促進しています。

推進可能な自然エネルギーは、国によって違いがあるはずです。国土の7割が山地という日本でも、バイオマス燃料をもっともっと利用できるのではないでしょうか。

環境税はなぜいい税金か？

“たかが炭素税”にできること

厚生経済学者のピグーが、環境税の考え方を提唱して1世紀。今、ノーベル経済学賞を受賞した経済学者のスティグリッツは、世界的な排出税の導入を主張しています。考え方は素晴らしいのに、それが雲の上の理想論のように聞こえるのは、政治的に導入が難しいという現実の壁が立ちはだかっているせいでしょう。新税の導入は、どの国でも難しいものです。税金というものは、安いに越したことはありません。

グローバルな炭素税は、本来、国際的に導入するのが望ましいあり方です。それを一国で導入するには、国際競争力への影響など、現行税制の歪みを除去する方向で改革（「グリーン税制改革」）を進める必要があります。このグリーン税制改革の方向としては、①社会保険料の軽減、②所得税・法人税の軽減、③消費税の減税の三つの方向が考えられます。

①社会保険料の軽減に関しては、日本の人口は、2004年にピークに達し、以後減少しています。すでに「少子高齢化社会」を迎え、社会保障制度は破綻寸前です。このような現状では、①は実現不可能でしょう。社会保険料負担は、増えることはあっても、減ることはありません。また、日本では社会保険

料は税ではないので、制度的に統合していくのは難しいところです。

②の所得税・法人税減税は、すでにかなり実行に移されています。現在、個人の所得税と住民税を合わせた税負担は、最高税率で50%まで引き下げられています。法人税も、実効税率40.87%に引き下げられています。国際競争力維持のために、さらに法人税を減税する主張もされていますが、赤字法人が多く、法人税を払っている企業は3割程度です。種々の優遇策を整理縮小して、課税ベースを拡大することは考えられますが、税率の引き下げ自体は、それほど効果的ではないと思われます。

③の消費税の減税をするためには、「複数税率化」とそれに伴う「インボイス」の導入といった大きな制度改革が必要です。そのうえで、炭素税が課税される化石燃料に対しては、消費税は軽減税率にするという方法が考えられます。実際、2008年12月12日のEU首脳会議では、サービスや環境関連を付加価値税軽減の対象項目と位置づけ、税率変更は加盟国の判断に委ねることで合意しています。

しかし、EUの15〜25%という税率に比べて、日本の消費税率はまだまだ低いままです。といって現在5%の消費税率が、将来引き上げられる際に、食料品などの生活必需品に対して軽減税率が適用される可能性はあっても、化石燃料に対してまで消費税の軽減税率が適用される可能性は低そうです。

このように、日本で税収中立でグリーン税制改革をしようにも、社会保険料の引き下げも、直接税の減税も、消費税の大幅改正も難しいのです。となると、すでに5兆円を超える

「エネルギー関連諸税」が課され、特別会計や道路特定財源に組み込まれている既得権にメスを入れるしかありません。硬直化した特別会計や道路特定財源の改革に踏み込んでこそ、行財政改革につながる「日本型環境税制改革」が実現するのではないでしょうか。

具体的には、「石油石炭税」と「電源開発促進税」を「炭素税」に変えていくところから始めるべきでしょう。石油石炭税のうち、石炭に対する課税は1トン当たり700円で、かなり低めの税率です。国内炭のあるイギリスで2,656円、ドイツで1,292円です。デンマークにいたっては3万6,423円です（78ページ表3参照）。しかも日本では、この石炭課税は燃料用石炭に対してだけです。原料炭は、課税対象になっていません。ですから、鉄鋼業の国際競争力に対する配慮は不要です。

電源開発促進税は、一般電気事業者である電力会社が納税義務者になっています。徴税に手間暇がかかることはありません。炭素含有量に応じた課税方法に変えることが難しい場合は、現行のまま販売電気を課税対象として、再生可能エネルギーのみ免税とする方法もあります。同じように、CO_2をほとんど排出しない原子力発電を課税対象とするかどうかは、それこそ皆の意向（パブリック・アクセプタンス）によるべきでしょう。

石油石炭税も電源開発促進税も、経済産業省の管轄です。経産省が、本気で温暖化対策をやる意思があるなら可能なはずです。電事連は、圧力団体である日本経団連の中心メンバーです。少なくとも、再生可能エネルギー分、電源開発促進税の負担が軽くなるのですから、電源開発促進税の炭素税化は、電力会社側にとって再生可能エネルギーを増やすインセンティブ（誘因）になるはずです。

石油石炭税を炭素税化すると、石炭火力発電に対する負担は増えます。しかし、税収をクレジット（排出枠）の購入費用も含めた温暖化対策費に充てるようにすれば、「環境自主行動計画」が順守できそうもない日本経団連の企業メンバーにも、メリットがあるのではないでしょうか。

税収をクレジット（排出枠）購入費用に、途上国への温暖化対策資金に

石油石炭税も電源開発促進税も実質、特定財源に組み込まれています。EU諸国の炭素税は、**表3**（78ページ）に示すように一般財源になっていますので、日本の炭素税も一般財源化すべきとの主張がされています。これらのエネルギー関連税は、炭素の排出によって社会にもたらされる費用を負担してもらうという意味での炭素税的課税なのですから、税収はCO_2排出のもたらす歪みを是正する方向で使うべきでしょう。

よくあげられる税収の使途は、自然エネルギー発電促進への補助金的な使い方です。太陽光発電に対する補助金を廃止したら、普及の伸びが止まってしまったので、今また（小規模な）補助金を復活させました。しかし、税金を補助金としてばらまくのは非効率です。補助金の申請は、手続き的に煩雑です。そのうえ、建設後・設置後に補助金を支給するという手順になるので、資金繰りが難しい側面があります。

また、ここ最近、風力発電の伸びが止まってしまったのは、

売電価格が下がってしまったためです。“自然エネルギー阻害法”ともいわれる「RPS法」によって、そして電力の系統問題もあって、電力会社の買い取る発電量の上限が設けられるようになりました。入札が多くなり、風力発電は買い手市場になってしまいました。自然エネルギー促進を本気でやるのなら、RPS法の目標値を思い切って引き上げるか、「固定価格買取制度」(FIT)の導入が必要です。

固定価格買取制度は、自然エネルギー発電事業者が投資回収できる価格で、必要な期間、電力を全量買い取ることを電力会社に義務づける方法です。その費用は、電気代に上乗せして、すべての消費者が負担することになります。ドイツで自然エネルギーの普及が進んだのは、この制度によるところが大きいといえます。この自然エネルギー促進コストは、ドイツの一般家庭の電気料金1か月9,060円のうち、約500円(5.5%)を占めています。日本では、平均家庭の電気代6,270円のうち、RPS法による負担は30円です(電事連会見資料;2008年5月23日)。

固定価格買取制度では競争を促せないと批判されますが、ブレイク・スルー(難関突破)に到達するまでは、このくらいの政策がないと、日本は“自然エネルギー後進国”から脱出できないでしょう。自然エネルギーの普及状況をみると、自民党税制改正大綱で謳われている「環境先進国」とは、とてもいえない状況です。

何度も述べてきたように、電力需要の増大を前提としたうえで、CO_2削減を国内対策のみで達成することは難しい状況にあります。すでに政府は、2008年から2012年までの5年間で1億トン分のCO_2削減量を、京都メカニズムを使って購入することを目標達成計画に織り込んでいます。最低1,500億円以上かかるといわれる、クレジット（排出枠）購入費用の手当はできているのでしょうか。

いうまでもなく、温暖化対策は国内対策がメインであるべきです。炭素税を導入したり、キャップ&トレード式の国内排出量取引を導入して、個人の暮らしを変え、長期的に技術革新を促すことが重要です。

しかし現実は、第一約束期間が始まったのに目標達成不可能ということが明らかになりました。クレジットという名前の紙切れを、海外から買ってこざるをえない現実があります。それならば、炭素税による税収の一部は、クレジット購入費用に充てるのも一案ではないでしょうか。

さらには、途上国での温暖化による被害を軽減する措置（適用）への資金メカニズム、年数億ドルとされる温暖化対策費に充てる方法も考えられます。じつは、隠れた重要項目である自民党税調答申（2008年12月12日）の検討事項の16番目には、以下の記述があります。

「金融危機の中、世界的に開発資金の確保が一層困難になることが予想される一方、途上国支援のための資金の需要は依然として大きい。こうした状況を踏まえ、また地球温暖化対策の一環として、国際社会が共同して途上国を支援するための税制のあり方について、国際的な議論の動向、経済や金融に与える影響、目的税としての妥当性、実務上の執行可能性等に考慮を払いながら、納税者の理解と協力を得つつ、総合的に検討する」

2009年12月にデンマークで開かれる「COP15」(気候変動枠組条約第15回締約国会議)では、日本の代表団から、何らかの提言があるのではないでしょうか。

「2050年に温室効果ガス50%削減」と原子力の役割

低率炭素税の主な役割は、炭素含有量の一番多い石炭火力発電所の増設に歯止めをかけることにあります。さらには、電源を化石燃料から自然エネルギー、分散型エネルギーシステムへと変えていくことにありそうです。

使いやすい二次エネルギーである電力は、2000年度から2030年までの年平均伸び率が1.0%と、今後も使用量が増えることが見込まれています。そこで、電力部門のCO_2排出削減策を考えるとき、「何から電気をつくるか」が重要になります。**図9**に示すように、CO_2をほとんど排出しないエネルギー源は、原子力と再生可能エネルギーです。

2007年12月に開催された国連の「COP13」(気候変動枠組条約第13回締約国会議)バリ会議で、日本政府は「将来的にはCDMの枠組みに原子力発電を認めるべき」と主張し、各国からの批判が相次ぎました。一方で、IPCC第4次評価報告書は、「原子力は2005年の電力供給の15%を占めるが、他の供給オプションと比較したコストを考えるなら、2030年には電力供給の合計の18%を占めることができる。しかし、安全性、核兵器拡大、核廃棄物の問題が制約条件として残る」というように、原子力の利用拡大について述べています。

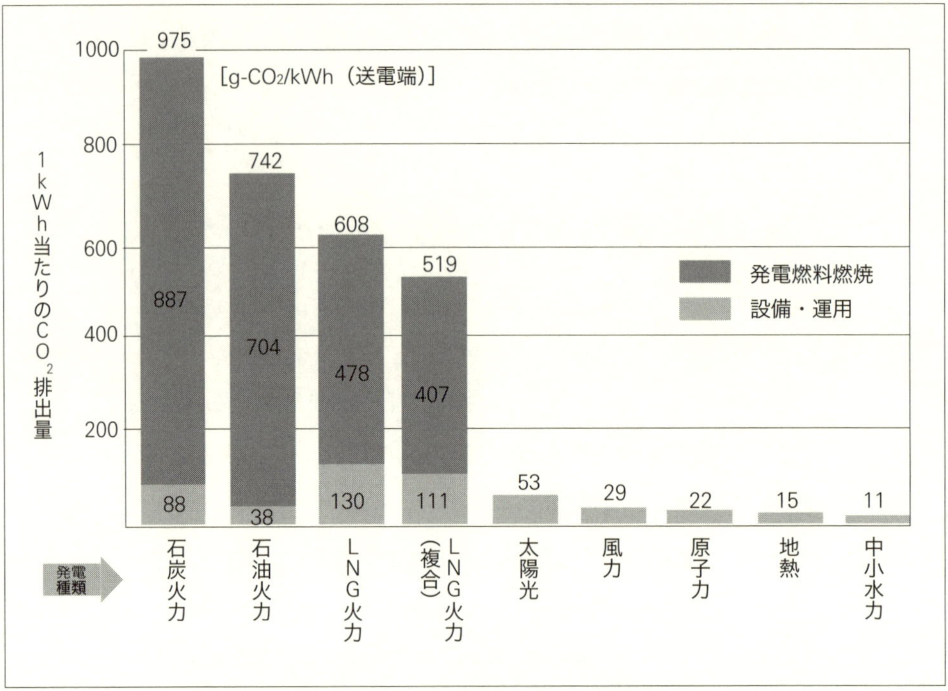

図9　各種電源別のCO_2排出量（出典：電力中央研究所）

旧ソ連のチェルノブイリ原発事故以来、世界的に“原発冬の時代”が続いていました。しかし、保有原発数第1位(103基)のアメリカでは、スリーマイル島原発事故以来、途絶えていた原発の新規立地が実現しそうです。原子力大国第2位（59基）のフランスは、サルコジ大統領を先頭に原発の売り込みをしています。スウェーデンも脱原発政策を転換しました。世界各地で原発の受注が増え、「原発ルネッサンス」とも言われています。原発再興の動きの中、原発大国第3位（54基）の日本はどうするのでしょうか。老朽化した原発が多く、さらには地震大国である日本は、「原発の稼働率を現行の6割から9割に上げる」（過去10年間の平均稼働率は73%）という、ほとんど不可能と思える窮余の策を中心に据えるつもりでしょうか。

各電力会社や資源エネルギー庁、日本原子力文化振興財団などは、国民的な合意（パブリック・アクセプタンス）を得るために涙ぐましい努力をしていますが、どう説明されても、①目に見えない放射能に対する恐怖があり、②人間のやることなので絶対に事故が起こらないとはいえず、③北朝鮮のような軍事転用の危険もある原子力発電に対し、全面的な同意を得ることは難しいでしょう。

そのうえ、巨額のバックエンド費用（放射性廃棄物の後処理費用）がかかる原子力発電は、かつていわれていたような安いエネルギー源ではありません。高レベル放射性廃棄物の最終処分場が、ここ数年のうちに決まらない場合は、原子力立国プラン自体が根底から崩れる可能性もあります。

2008年7月の「G8洞爺湖サミット」以降、「2050年に温室効果ガス50%削減」のスローガンをよく聞きます。しかし原子力発電を全廃して、50%削減を達成できるとは思えません。途上国のエネルギー需要をまかなう必要性も考えると、50%削減という数値目標は、原子力推進を前提としているのでしょう。しかし、原子力の維持は不可避だとしても、私たちに必要なのは、他の選択肢を知ったうえで、原子力発電を考えるということではないでしょうか。

自然エネルギーは、文字通り、風まかせ、お日様まかせのエネルギーなので、安定性がありません。しかし、太陽光や風力は不安定でも、供給量が安定しているバイオマスを加えると、せめて電力供給の10%程度に増やすことは可能です。バイオマスには、電力の系統問題はありません。10%程度であれば、ベースロード電源の原子力発電の妨げになることもなく、送電時の「同時同量」の要求が損なわれることもありません。このような代替エネルギーの選択肢があれば、地震時には原発を停止することも可能でしょう。また、出力調整運転によって、さらなる原発のシェアを増やすというリスクを選択する必要性もありませんし、原発の稼働率を9割にするという無理な政策を低炭素社会づくりの基本にする必要もありません。

風力発電を使って作った水素を貯蔵できるようになると、エネルギーの分散化がさらに加速されます。家庭用の燃料電池も市販されます。現在のRPS法のように、2010年の目標値が1.35%、2014年の目標値が1.63%という低い数値では、かえって自然エネルギー促進の足をひっぱるだけです。原発に過度に依存するのではなく、可能な限りの自然エネルギー促進策が必要でしょう。

おわりに

「Think globally, Act locally」

（地球規模で考え、地域から変える）

小手先の改革ではなく、本気で環境税を導入しようとすると、既存の特別会計や道路特定財源の見直しは避けて通れません。環境税の導入は、行財政改革につながります。

地球温暖化問題と地域環境問題の根っこは同じです。化石燃料の取り過ぎ、CO_2の出し過ぎを防ぐシステムの一つとして、環境税は不可欠です。規制的手段、自主的取り組みだけで温暖化を防ぐことは、100％不可能だからです。しかし環境税は、アダム・スミスのいう「神の見えざる手」になるわけではありません。環境税は、循環型社会を構築するための必要条件ではありますが、十分条件ではありません。複雑な地球温暖化問題に対しては、いろいろな方法を組み合わせることが必要でしょう。

エネルギー政策は、NPOや企業、自治体が決めるものではなく、国の政策として決めるものです。まさしく、強力な「政治的指導力」（ポリティカル・ウイル）が求められている分野です。EU諸国やアメリカの真似をするのではなく、日本のエネルギーの実情に合った政策が必要です。エネルギーや環境などの公益性を含む問題には、「政府の失敗」と「市場の失敗」をともに乗り越える政策が求められています。「政府の失敗」とは、経済メカニズムの中で、政府主導の経済政策が成果をあげられず、かえって非効率化することをいいます。「市場の失敗」とは、市場メカニズムが働いた結果において、経済的な効率性が達成されていない状態をいいます。

実際の政府の政策は、縦割り行政の中、環境省や経産省や農林省や国交省や内閣府の官僚主導で決められています。エネルギーのような長期の視点が必要な、国民生活に直結した項目については、「国の基本方針」をはっきりと示す必要があります。そのうえで、自由な競争を促すシステムをとらない限り、エネルギー政策は迷走を続けるばかりでしょう。

やがて「ピークオイル」を迎え、石油が枯渇してしまうのは確実です。石油が枯渇してしまえば、石油代替エネルギーに移行せざるをえません。しかし、その代替エネルギーが石炭になってしまっては、一層、温暖化を進めてしまいます。

化石燃料が枯渇してしまった数百年後の未来から振り返ると、「地中から化石燃料を掘り起こして莫大なエネルギーを得てきた」ここ数百年は、人類の歴史にとって例外的な扱いを受ける時代となっていることでしょう。あるいは、湯水の如く石油を使う生活を世界中で続け、対策が後手後手に回ってしまっては、CO_2濃度が上昇して、人類は本当に滅亡してしまうかもしれません。これが単なる杞憂に終わるように、市民や企業や自治体が、環境NGOとして、企業NGOとして、それぞれの立場から、ステークホルダー（利害当事者）の一人として声をあげることが、持続可能な社会の構築につながっていきます。

作家の開高健は、生前、色紙を求められると、宗教改革者のマルティン・ルターの言葉である次のフレーズを好んで書いたそうです。
「明日、世界が滅びるとしても　今日、あなたはリンゴの木を植える」